人生法律解答书

RENSHENG FALÜJIEDASHU

- 婚姻家庭疑难全面解答
- 结合身边经典案例讲解
- 专业知识表述简明易懂
- 通俗讲解维权应用技巧

婚姻家庭卷

中国法制出版社
CHINA LEGAL PUBLISHING HOUSE

前　言

我们身处社会，不仅是社会的一员，更是每个不同家庭的一分子。家庭就像是社会的细胞，由众多的大事小情汇聚成人情冷暖，是是非非。社会离不开法律，家庭更离不开法律。法律对于婚姻家庭关系的调整，涉及我们每个人的切身利益。可以说，在现实生活中，除了调整婚姻家庭的法律以外，没有哪一部法律适用范围如此之广，引起众多关注，婚姻家庭关系到每个人的基本人权甚至是每个人的生存质量。随着社会法治化的不断推进，婚姻家庭关系已经不再是情与理的抗衡，更多涉及的是法律问题。从实践来看，人们也更愿意选择法律途径来解决婚姻家庭中遇到的各种纠纷。

让人欣慰的是，随着人们法治观念的提升，将法律运用到婚姻家庭中去，并不会让家庭成员产生反感，而是更加理性地解决婚姻家庭中的问题，并对一些不必要的纠纷和矛盾予以防患。可以说，了解有关的婚姻家庭法律常识，可以更好地维系婚姻家庭关系，从而获得更幸福的生活。在此，为了让读者更清楚地了解与自己的婚姻家庭生活息息相关的法律常识，我们编写了这本《人生法律解答书（婚姻家庭卷）》。

本书结合实际生活，选取婚姻家庭生活中可能遇到的各种小问题，由专业的法律人士作出详尽的解答，内容全面、语言通俗易懂，实用性极强。对于每一个小问题，我们都从以下五部分来进行分析和阐述：

第一部分为家庭场景。该部分的案情主要是还原我们生活中遇到或者可能遇到的各种问题，让大家在阅读的时候仿佛置身于各种家庭生活问题中，从而引发思考。

第二部分为法律疑点。该部分结合家庭场景，直截了当地引出所涉及的法律问题。

第三部分为法律分析。该部分是根据家庭场景所引申出来的法律疑点，从法律专业的角度进行分析，并进一步探析案情中所延伸的知识点，真正为读者答疑解惑。

第四部分为条文链接，法律条文是解决所有法律纠纷的依据。任何纠纷的依法解决都离不开法律条文的支撑。配以法律条文，可以让读者弄清楚相关的法律规定，有利于帮助大家学习法律。

第五部分为人生启示。俗话说“法不容情”，但在婚姻家庭中，脱离了“情”的法是冰冷的。我们都是有血有肉的人，我们应该在知法、懂法、用法的同时带着感情去看待生活、看待彼此。

最后，衷心希望本书能给您带来帮助。书中如有不妥，敬请批评指正！

本书编委会

2019年3月

目　录

第一章　结婚问题

1. 到民政局办理婚姻登记都需要准备哪些材料？ …… 3
2. 公民去办理结婚登记，民政局对哪些情形不予办理？ …… 4
3. 夫妻丢失了结婚证，应该怎么办？ …… 5
4. 在父母的强迫下与他人结婚，应当怎么办？ …… 6
5. 重婚是否属于无效婚姻？ …… 8
6. 事实婚姻是否受法律保护？ …… 9
7. 丈夫发现妻子婚前就患有躁狂抑郁症，能否请求法院宣告婚姻无效？ …… 10
8. 婚姻被法院宣告无效，当事人能否提出上诉？ …… 12
9. 法院宣布婚姻无效后对当事人会产生什么后果？ …… 13
10. 因受人威胁而与其结婚，能否向法院申请撤销婚姻关系？ …… 15
11. 以结婚是受胁迫为由申请撤销婚姻，需要提交哪些证明材料？ …… 16

第二章　婚姻财产问题

12. 一方在婚前买的车，会因结婚而转化为夫妻共同财产吗？ …… 21
13. 夫妻可以对婚前个人财产的归属进行约定吗？ …… 22
14. 养老保险和住房公积金是否属于夫妻共同财产？ …… 23
15. 婚后承诺将个人房产赠与另一方，过户前反悔怎么办？ …… 25
16. 婚后女方父母为女儿买房，房产证上仅写女方名字，男方能否主张该房产为夫妻共同财产？ …… 26
17. 丈夫未经妻子同意出售夫妻共有房屋，妻子是否有权追回该房屋？ …… 28
18. 夫妻婚后将一方婚前承租的房屋购买，该房屋权属如何认定？ …… 29
19. 婚前一方父母为夫妻购置的婚房属于一方的个人财产还是夫妻共同所有？ …… 31
20. 夫妻一方能否在不解除婚姻关系的情况下，主张对夫妻共同财产进行

分割？ 32
21. 军人的伤残补助金属于其个人所有还是夫妻共同所有？ 33
22. 丈夫欠下的债款，债权人能否向妻子主张要求其偿还？ 35

第三章　夫妻权利义务问题

23. 妻子患病，丈夫不闻不问，拒绝照顾，妻子应当怎么办？ 39
24. 丈夫能否强迫妻子在家做全职太太？ 40
25. 未登记结婚而以夫妻名义共同生活，男方死后，女方是否有权以配偶名义继承其遗产？ 41
26. 什么样的行为构成家庭暴力？ 43
27. 丈夫多次打骂妻子，但均不构成轻伤，是否会受到法律制裁？ 44
28. 什么情况下可以申请人身安全保护令？申请人必须是本人吗？ 45
29. 妻子受丈夫殴打，向法院申请人身安全保护令，一定会被受理吗？ 47
30. 人身安全保护令会一直有效吗？ 48

第四章　离婚问题

31. 离婚协议签订后，离婚手续怎么办理？ 53
32. 丈夫在妻子怀孕期间以两人性格不合为由提出离婚，符合法律规定吗？... 54
33. 如果婚姻是父母包办的，当事人可以要求离婚吗？ 55
34. 非军人一方提出离婚的，必须经过军人一方的同意吗？ 57
35. 妻子擅自终止妊娠，丈夫可以侵犯生育权为由提出离婚吗？ 58
36. 夫妻双方离婚时，男方把公司股份转让给女方后，女方便成为该公司的股东吗？ 60
37. 均有过错的夫妻，可以在离婚时互相要求损害赔偿吗？ 61
38. 婚姻关系中无过错一方，可以在协议离婚后提出损害赔偿请求吗？ 62

第五章　离婚时子女抚养问题

39. 夫妻离婚后，子女的抚养问题应如何解决？ 67
40. 约定轮流抚养孩子的离婚协议符合法律规定吗？ 68
41. 孩子的抚养权，在夫妻双方离婚后，还能变更吗？ 69
42. 夫妻离婚后，法院如何确定不直接抚养孩子一方的抚育费数额？ 71
43. 子女生病后，现有抚养费无法满足现实需要时，可以要求父亲增加抚养费吗？ 72
44. 夫妻离婚后，直接抚养孩子的马某有权利阻止孩子的母亲张某见孩子吗？ 74
45. 夫妻离婚后，未直接抚养孩子的一方对孩子不闻不问，另一方应该怎么办？ 75
46. 离婚后，作为不与子女共同生活的一方，在未成年子女给他人造成损

害时，应当承担赔偿责任吗？ 76
47. 离婚后一方作为孩子的直接抚养人，可以不和另一方商量就变更孩子的姓名吗？ 78
48. 登记在未成年子女名下的房屋是夫妻共同财产吗？夫妻离婚时，可以分割吗？ 79

第六章 离婚时财产分割问题

49. 离婚时，夫妻共同财产该如何分割？ 83
50. 什么情况下，男方可以要求女方返还彩礼？ 84
51. 离婚时，一方偷偷转移财产，受害方应如何维护自己的合法权益？ 85
52. 未经对方同意，夫妻一方为自己父母治病所负的债务是否属于夫妻共同债务？ 87
53. 对于一方婚前贷款买房而婚后夫妻共同还贷的，离婚时该房应如何分割？ 88
54. 离婚时，养老保险金可否作为夫妻共同财产进行分割？ 90
55. 丈夫因个人事务与妻子签订的借款协议是否有效？ 91
56. 用夫妻共同财产投资但仅以一方名义设立的独资企业，离婚时应如何分割？ 93
57. 已经继承但尚未分割的遗产，离婚时可以作为夫妻共同财产进行分割吗？ 94
58. 婚姻关系存续期间，一方已完成但未出版的作品的知识产权收益是否属于夫妻共同财产？ 95

第七章 生育与收养子女问题

59. 借腹生子的协议受法律保护吗？ 101
60. 子女可以随母姓吗？ 102
61. 如何确定一个人的出生日期？出生日期有何法律意义？ 103
62. 非婚生子女办理户口需要什么材料？ 104
63. 6 岁的儿童可以接受价值千万元的别墅赠与吗？ 106
64. 未成年人的监护人如何确定？ 107
65. 被收养人应当符合哪些条件？ 109
66. 收养人应具备的条件有哪些？ 111
67. 夫妻一方可以擅自将子女送养吗？ 112
68. 收养关系成立后，子女与亲生父母之间是什么关系？ 113
69. 抚养亲友的子女属于收养吗？ 115

第八章 养老问题

70. 具有完全民事行为能力的老人是否可以为自己指定监护人？ 119
71. 父母与自己断绝关系的，可以拒绝履行对父母的赡养义务吗？ 120
72. 子女可否以放弃继承权为由拒绝赡养父母？ 121
73. 子女常年不回家的，父母可以依据哪部法律要求其常回家看望？ 123
74. 赡养老人时，只要满足其物质生活

就可以吗？ 124
75. 孙子女是否对子女早已去世的祖父母负有赡养义务？ 125
76. 帮老人照管的母牛产崽后，牛犊应当归谁所有？ 127
77. 成年子女盗窃父母钱财的行为违反法律规定吗？ 128
78. 子女能够干涉父母再婚吗？ 129
79. 子女为改变自己的居住环境，可以让父母搬到条件恶劣的房屋内居住吗？ ...131
80. 老人被子女遗弃后，要通过何种途径维权呢？ 132

第九章　遗产继承问题

81. 法定继承中的顺序应该怎样确定？ ..137
82. 继子女就没有继承权吗？ 138
83. 未出生的胎儿是否能继承遗产？ 140
84. 对于未成年人的遗产继承权，其法定代理人能否处分？ 141
85. 如果子女对父母不履行赡养义务，能否享有继承权？ 142
86. 正在服刑的劳教人员的继承权是否能被剥夺？ 144
87. 主动赡养孤寡老人者是否享有继承权？ 145
88. 对于继父母和生父母的遗产，继子女能否双份继承？ 146
89. 遗嘱能否剥夺法定继承人的继承权？ 148
90. 非婚同居者对另一方的遗产是否享有继承权？ 149
91. 遗嘱人在被胁迫的情况下所订立的遗嘱是否有效？ 151
92. 未成年人设立的遗嘱是否具有法律效力？ 152
93. 遗嘱继承的顺序是否优先于法定继承？ 153
94. 遗嘱人病危时立的口头遗嘱是否有效？ 155
95. 数份遗嘱内容相抵触的，应当怎么办？ 156
96. 处分个人财产的遗书是否属于遗嘱？ 157
97. 遗嘱人以外的人是否有权变更遗嘱的内容？ 159
98. 遗嘱人对遗嘱中的财产进行处分的，遗嘱应如何认定？ 160
99. 遗赠扶养协议的顺序优先于遗嘱吗？ 161
100. 放弃继承权的继承人是否还有清偿遗产债务的责任？ 163
101. 继承权纠纷的诉讼时效是多长时间？ 164

第一章

结婚问题

1. 到民政局办理婚姻登记都需要准备哪些材料？

家庭场景

周某和齐某家在农村，二人都是初中辍学后到当地的一家纺织工厂上班。周某经同事介绍与齐某相识，两人性格契合，很快确立了恋爱关系。相处一年后，两方家长对对方都很满意，便按照村里的风俗为二人举办了酒席，从此周某和齐某开始以夫妻名义生活。但是周某的表姐告诉他，周某和齐某仅仅举办酒席并不代表二人确立了夫妻关系，只有到民政局办理了结婚登记手续，才代表二人真正结婚，故二人现在的同居关系并不是法律认可的夫妻关系，其关系不能得到法律的有效保护。于是，周某和齐某打算尽快到民政局办理结婚登记。

法律疑点

周某和齐某到民政局办理婚姻登记需要准备哪些证件和材料？

法律分析

周某和齐某到民政局去办理结婚登记的时候需要准备的材料包括：双方的户口簿、身份证、双方没有配偶的证明以及双方不是直系血亲、没有三代以内旁系血亲关系的证明。

根据我国《婚姻登记条例》第五条的规定，办理结婚登记的内地居民应当出具下列证件和证明材料：（1）本人的户口簿、身份证；（2）本人无配偶以及与对方当事人没有直系血亲和三代以内旁系血亲关系的签字声明。

法律对公民结婚登记需要准备的材料作出规定，一方面是因为我国实行一夫一妻制，这些材料都是证明双方符合一夫一妻的必备条件，另一方面是因为直系血亲和三代以内旁系血亲是结婚的禁止性条件，属于近亲结婚，极容易将一方或双方生理上、精神上的弱点和缺陷毫无保留地暴露出来，遗传给后代。

在上面的案例中，周某和齐某单纯按照农村风俗举办酒席并不代表建立了婚姻关系，只有到民政局进行婚姻登记，建立的婚姻关系才能得到法律的认可和保护。

条文链接

《婚姻登记条例》

第五条　办理结婚登记的内地居民应当出具下列证件和证明材料：

（一）本人的户口簿、身份证；

（二）本人无配偶以及与对方当事人没有直系血亲和三代以内旁系血亲关系的签字声明。

……

人生启示

随着法治的进步，公民法律意识正在逐渐增强，大部分人对于结婚都知道只有经过民政部门登记的婚姻关系才能得到法律的保护。但是法律对办理婚姻登记也规定了特定的程序，并不是只要两个人去了婚姻登记机关就可以，双方当事人不但要本人去，还要准备齐全相关的证件才可以。只有提交齐全的证件和证明材料，婚姻登记机关才能据此审核二人是否满足结婚的必备条件，以及是否存在结婚的禁止性条件，这样登记出的婚姻关系才是真正合法有效的。

2. 公民去办理结婚登记，民政局对哪些情形不予办理？

家庭场景

胡某28岁，家里经济条件不错，在农村有自己的工厂。李某19岁，父母都是残疾人，因此李某自幼能干懂事，比普通姑娘成熟。李某在胡某的工厂打工时，被胡某的精明能干打动，二人很快便确立了恋爱关系。胡某的家人觉得胡某老大不小了，便催促其尽快与李某结婚。胡某与李某便开始商量结婚的事情，二人一致决定旅行结婚，去马尔代夫旅游半个月，回来就当是结婚了。二人旅游归来后，听人说只有到民政局进行婚姻登记，婚姻才会受法律保护，因此二人准备了相应材料去民政局办理结婚手续。但二人最终被民政部门告知不符合准予婚姻登记的情形，不能办理登记结婚。

法律疑点

胡某和李某为什么不符合准予婚姻登记的情形，民政部门对哪些情形不予办理登记呢？

法律分析

民政部门对胡某和李某的结婚登记不予办理是因为李某不符合法定的结婚年龄。不符合准予婚姻登记的情形还包括：双方非自愿的、一方或者双方已经有配偶的、双方属于直系血亲或者三代以内旁系血亲关系的、双方任何一方患有医学上认为不应当结婚的疾病的。

根据我国《婚姻法》第五条、第六条和第七条以及《婚姻登记条例》第六条的规定，当事人只有达到法定的结婚年龄，即男年满22周岁，女年满20周岁的才可以结婚，没有达到法定婚龄的，婚姻登记机关是不予办理结婚登记的。同时，结婚应自愿，凡是违背当事人意愿的婚姻，婚姻登记机关也是无法给予登记的。直系血亲和三代以内旁系血亲以及患有医学上认为不应当结婚的疾病的，婚姻登记机关也是不予办理结婚登记的。

我国《婚姻法》和《婚姻登记条例》对结婚条件作出严格规定，一方面是为了规范婚姻登记工作，保证婚姻登记程序有序进行；另一方面是为了保证婚姻当事人的合法权益，保证婚姻关系的合法有效。

在本案中，虽然胡某已经达到法定的结婚年龄，但是李某只有19周岁，属于不满法定结婚年龄的情形，所以婚姻登记机关不予办理结婚登记。如果二人符合结婚登记的其他条件，只需等到李某年满20周岁后，即可办理结婚登记手续。

条文链接

《中华人民共和国婚姻法》

第五条　结婚必须男女双方完全自愿，不许任何一方对他方加以强迫或任何第三者加以干涉。

第六条　结婚年龄，男不得早于二十二周岁，女不得早于二十周岁。晚婚晚育应予鼓励。

第七条　有下列情形之一的，禁止结婚：

（一）直系血亲和三代以内的旁系血亲；

（二）患有医学上认为不应当结婚的疾病。

《婚姻登记条例》

第六条　办理结婚登记的当事人有下列情形之一的，婚姻登记机关不予登记：

（一）未到法定结婚年龄的；

（二）非双方自愿的；

（三）一方或者双方已有配偶的；

（四）属于直系血亲或者三代以内旁系血亲的；

（五）患有医学上认为不应当结婚的疾病的。

人生启示

恋爱后，必然会考虑结婚问题，恋爱过程是自由的，结婚却是需要具备一些法定条件的。我国遵循一夫一妻制原则，同时尊重当事人自由意志。而且为了提高人口素质，我国历来禁止近亲结婚，违背这些法定条件的婚姻，无法获得国家法律的保护，婚姻登记机关也不会予以办理结婚登记。因此，作为即将步入婚姻殿堂的人，一定要认真审视自己是否符合结婚条件。

3. 夫妻丢失了结婚证，应该怎么办？

家庭场景

王某和宋某是大学同学，二人于2011年相识恋爱，2014年大学毕业后，按照家乡的风俗在老家举办了婚礼，后在当地领取了结婚证。二人定居在A市，婚后的生活十分甜蜜，很少有吵架拌嘴的时候，结婚证更是被两人视若珍宝，存放在一个专门的小盒子里。2018年2月，王某由于工作调动，需要全家搬到B市居住。王某为此请来了搬家公司，将家中的物品全部搬运到B市的新家中。搬运结束后，宋某清点家中物品，发现存放结婚证的盒子不翼而飞，后与搬家公司联系，证实是其工作人员疏忽，将结婚证和盒子丢失。在向搬家公司索赔后，王某和宋某商量着去民政局询问一下补办结婚证的事情。

法律疑点

在结婚证丢失的情况下，王某和宋某应该怎么办？

法律分析

王某和宋某应当带着户口簿、身份证到他们当初登记的婚姻登记机关或者户口所在地的婚姻登记机关补办结婚证。

根据我国《婚姻登记条例》第十七条的规定，结婚证、离婚证遗失或者损毁的，当事人可以持户口簿、身份证向原办理婚姻登记的机关或者一方当事人常住户口所在地的婚姻登记机关申请补领。婚姻登记机关对当事人的婚姻登记档案进行查证，确认属实的，应当为当事人补发结婚证、离婚证。

结婚证、离婚证是国家机关颁发的证明一个人存在婚姻关系或者不存在婚姻关系的最重要的证明，当事人对于结婚证、离婚证应当妥善保管。但是现实生活中总有人会不慎将结婚证、离婚证丢失或毁损，为了避免证件丢失给当事人生活带来不便，在这种情况下，法律规定了当事人可以补办结婚证、离婚证，并规定了补办的程序。

在本案中，王某和宋某将结婚证遗失后，应当及时到相应的婚姻登记机关补办结婚证，需要准备的材料包括二人的户口簿和身份证。此时，婚姻登记机关会对当事人的婚姻登记档案进行查证，发现二人所述情况属实，会为二人补发结婚证。

条文链接

《婚姻登记条例》

第十七条 结婚证、离婚证遗失或者损毁的，当事人可以持户口簿、身份证向原办理婚姻登记的机关或者一方当事人常住户口所在地的婚姻登记机关申请补领。婚姻登记机关对当事人的婚姻登记档案进行查证，确认属实的，应当为当事人补发结婚证、离婚证。

人生启示

结婚和离婚对很多人来说都是人生中的大事，而结婚证和离婚证是证明一个人存在婚姻关系或者不存在婚姻关系的最佳证明，现实生活中也有很多情况下需要当事人出具结婚证或离婚证来证明其婚姻关系的状态，所以当事人务必妥善保管。当然，一旦发生遗失或者毁损情形，当事人也不要惊慌，可及时向婚姻登记机关申请补领结婚证或者离婚证。

4. 在父母的强迫下与他人结婚，应当怎么办？

家庭场景

韩某今年28岁，家住北京，生活体面而富裕。韩某从小被父母教育得听话懂事，在大学毕业前从未谈过恋爱。如今韩某到了结婚的年龄，父母又为韩某制定了非常严格的择偶标准，包括女方要端庄靓丽、贤惠孝顺，学历必须是研究生及以上，家境要好等。后韩某在工作过程中结识了范某，虽然范某出身于农民家庭，学历也仅仅是大专毕业，但韩某对其一见钟情，甚是喜爱。韩某父母得知此情况后，强迫韩某与范某分手，并介绍自己认为门当户对的吕某与韩某认识。面对韩某的反抗，其父母以死相逼，最终韩某与吕某登记结婚。然而，婚后韩某与吕某相处得并不愉快。

法律疑点

韩某被父母逼迫与他人结婚，婚后不幸，应该怎么办?

法律分析

韩某父母逼迫其与他人结婚，是干涉他人婚姻自由的行为，韩某婚后与吕某无感情，其可以向婚姻登记机关或法院申请撤销婚姻。

根据我国《婚姻法》第三条和第十一条的规定可知，我国禁止包办、买卖婚姻和其他干涉婚姻自由的行为。禁止借婚姻索取财物。因胁迫结婚的，受胁迫的一方可以向婚姻登记机关或人民法院请求撤销该婚姻。受胁迫的一方撤销婚姻的请求，应当自结婚登记之日起一年内提出。被非法限制人身自由的当事人请求撤销婚姻的，应当自恢复人身自由之日起一年内提出。

婚姻自由是《婚姻法》中的重要原则，我国法律规定禁止包办婚姻、买卖婚姻和其他干涉婚姻自由的行为，这一规定有利于充分保护婚姻当事人的基本人权，同时也符合国际立法的趋势。

在本案中，韩某应当是自由的，韩某父母强迫他与吕某结婚，违背了韩某的自由意志，是违法的。而且韩某与吕某在婚后没有建立起任何感情，因此韩某可以向婚姻登记机关或人民法院要求撤销与吕某的婚姻。

条文链接

《中华人民共和国婚姻法》

第三条第一款　禁止包办、买卖婚姻和其他干涉婚姻自由的行为。禁止借婚姻索取财物。

第十一条　因胁迫结婚的，受胁迫的一方可以向婚姻登记机关或人民法院请求撤销该婚姻。受胁迫的一方撤销婚姻的请求，应当自结婚登记之日起一年内提出。被非法限制人身自由的当事人请求撤销婚姻的，应当自恢复人身自由之日起一年内提出。

人生启示

婚姻是一个人人生中的大事，应当掌控在自己手里。我国法律实行婚姻自由的原则，既包括结婚自由，也包括离婚自由。在婚姻面前，任何人都不得违背当事人的自由意愿，父母也不例外。强迫他人结婚，干涉他人婚姻自由的行为既不符合法律规定，也影响他人的生活美满。现实生活中，我们一定要勇于和干涉婚姻自由的行为做斗争，将幸福牢牢把握在自己手中。

5. 重婚是否属于无效婚姻？

家庭场景

唐某和徐某是通过相亲认识的，认识后不久就在双方家人的催促下办理了婚姻登记，并举办了婚礼。婚后，唐某一心扑在事业上，对徐某的态度不冷不热，徐某则在家操持家务和伺候老人。后来徐某生了孩子，唐某更是对徐某和孩子不闻不问。徐某感到心灰意懒，觉得这样的生活枯燥无味，于是在孩子未满一周岁时便离家出走，杳无音讯。后唐某经多方打听得知，徐某在深圳打工，并且与别人登记结婚了。唐某立马赶到徐某所在的城市，要求徐某跟他回家，并且告诉她，她与别人结婚已经构成重婚，是违法的，此次婚姻是无效的。

法律疑点

唐某的说法是否正确？徐某再次与他人结婚，婚姻是否无效？

法律分析

唐某的说法是正确的，徐某再次与他人结婚，该次婚姻属于无效婚姻。

无效婚姻指的是不具备婚姻成立的法律要件，因而不具有法律效力的婚姻。我国《婚姻法》第十条对婚姻无效的情形作了列举式规定，其中第一项就是重婚。重婚是指有配偶而又与他人结婚或明知他人有配偶而与之结婚的行为。无论是通过登记而构成的法律上的重婚，还是通过与他人以夫妻名义同居生活而构成的事实婚姻，这种婚姻关系均属无效。我国《刑法》第二百五十八条规定，有配偶而重婚的，或者明知他人有配偶而与之结婚的，处二年以下有期徒刑或者拘役。

我国法律规定婚姻无效的情形，是基于现实生活的考虑，有利于防止婚姻当事人做出有违社会伦理及妨碍婚姻秩序的行为，以便更好地约束婚姻当事人，让其审慎地对待婚姻。重婚行为作为婚姻无效的情形之一，属于严重违背一夫一妻原则的行为，不利于社会生活和家庭生活的安定有序，因此法律严厉禁止该种行为。重婚行为严重的，还可能构成《刑法》上的重婚罪。

本案中，徐某已经与丈夫唐某进行了结婚登记，后来又与他人结婚，不符合法律的一夫一妻制原则，属于重婚行为，因此徐某与他人的该次婚姻属于无效婚姻，不具有法律效力。

条文链接

《中华人民共和国婚姻法》

第十条 有下列情形之一的，婚姻无效：

（一）重婚的；

（二）有禁止结婚的亲属关系的；

（三）婚前患有医学上认为不应当结婚的疾病，婚后尚未治愈的；

（四）未到法定婚龄的。

《中华人民共和国刑法》

第二百五十八条 有配偶而重婚的，

或者明知他人有配偶而与之结婚的，处二年以下有期徒刑或者拘役。

人生启示

我国的婚姻立法一贯保护一夫一妻制，禁止重婚，重婚是违反一夫一妻制原则的违法犯罪行为。综观世界各国，实行一夫一妻制也是近现代各国立法的通例，各国大多规定重婚为无效婚姻或可撤销婚姻。

6. 事实婚姻是否受法律保护？

家庭场景

楚某和蔡某是同村人，1990 年通过相亲认识，之后便按照农村风俗举办了酒席，宴请后两人便生活在一起。二人一直未办理结婚登记。后楚某与蔡某育有一儿一女，二人的感情也一直很稳定，一家四口的生活其乐融融。2017 年 12 月，楚某在跳广场舞过程中结识了陶某，并与陶某情投意合，决定与陶某一同生活。蔡某得知此情况后，与楚某大吵一架，并表示自己与楚某才是合法的夫妻关系，二人的婚姻受法律保护，楚某不能搬去与陶某生活。楚某反驳蔡某，其与蔡某结婚仅仅是在家里举办了酒席，并未真正领取结婚证，因此二人并不是真正的婚姻关系，其有权与他人同居。后蔡某到法院起诉离婚。

法律疑点

楚某和蔡某的婚姻关系是否受法律保护？

法律分析

楚某与蔡某的同居关系发生在 1994 年 2 月 1 日民政部《婚姻登记管理条例》公布实施以前，属于事实婚姻，是受法律保护的。

根据《最高人民法院关于适用〈中华人民共和国婚姻法〉若干问题的解释（一）》第五条的规定，未按婚姻法第八条规定办理结婚登记而以夫妻名义共同生活的男女，起诉到人民法院要求离婚的，应当区别对待：1994 年 2 月 1 日民政部《婚姻登记管理条例》公布实施以前，男女双方已经符合结婚实质要件的，按事实婚姻处理；1994 年 2 月 1 日民政部《婚姻登记管理条例》公布实施以后，男女双方符合结婚实质要件的，人民法院应当告知其在案件受理前补办结婚登记；未补办结婚登记的，按解除同居关系处理。

事实婚姻指的是没有配偶的男女，未进行结婚登记，便以夫妻名义同居生活，群众也认为是夫妻关系的两性结合。事实婚姻中，男女已经具备婚姻关系存续的实质要件，只是缺少办理婚姻登记这一形式要件。发生纠纷时，我国法律对事实婚姻的法律效力区别认定，一方面有利于使事实婚姻的当事人及其子女的合法权益得到保护，稳定家庭关系，体现法律规定具有人性化的一面；另一方面也符合我国传统习惯，符合法律的本意，体现了法律规定的科学性、严肃性。

在本案中，楚某和蔡某未办理婚姻登记而以夫妻名义生活，发生在1994年2月1日之前，双方符合结婚实质要件，因此蔡某向法院起诉离婚，法院应按事实婚姻处理。

条文链接

《最高人民法院关于适用〈中华人民共和国婚姻法〉若干问题的解释（一）》

第五条 未按婚姻法第八条规定办理结婚登记而以夫妻名义共同生活的男女，起诉到人民法院要求离婚的，应当区别对待：

（一）1994年2月1日民政部《婚姻登记管理条例》公布实施以前，男女双方已经符合结婚实质要件的，按事实婚姻处理；

（二）1994年2月1日民政部《婚姻登记管理条例》公布实施以后，男女双方符合结婚实质要件的，人民法院应当告知其在案件受理前补办结婚登记；未补办结婚登记的，按解除同居关系处理。

人生启示

现实生活中，尤其是20世纪末，由于人们法律意识薄弱，事实婚姻现象尤为普遍。针对我国事实婚姻的状况，一律承认事实婚姻法律效力会使男女两性的结合脱离国家的指导和监督，助长包办买卖婚姻、早婚、童婚及重婚的发生，影响优生优育，降低人口素质；同时使我国《婚姻法》有关结婚登记制度的规定变成一纸空文，影响国家的法治进程。而不承认其效力又会使事实婚姻的当事人及其子女的合法权益得不到保护，影响家庭的稳定。因此，面对大量未经登记而公开以夫妻名义同居生活的男女，区别对待，尤为重要。当然，在全面建设法治社会的今天，还是要提醒处于同居关系的男女，为了自身合法权益，应当及时办理婚姻登记。

7. 丈夫发现妻子婚前就患有躁狂抑郁症，能否请求法院宣告婚姻无效？

家庭场景

邓某和林某是在大学某次社团活动中相识的，邓某当时觉得林某遇事沉着冷静，待人真诚，便对林某展开疯狂的追求。林某被邓某的坚持不懈打动，二人最终走到了一起。大学毕业后，二人便登记结婚。然而，婚后不久，邓某便发现妻子林某有时候精神有些反常，经常会因为一些小事就郁郁寡欢，有时候又会突然很狂躁，摔东西打人。有一次，林某工作时迟到，遭到领导批评，林某就觉得自己一无是处，活着没有意义，想要服用安眠药自杀，最终被邓某及时发现并且制止。事后，邓某再三追问林某，林某承认自己患有躁狂抑郁症，且已患病多年。

法律疑点

在这种情况下，邓某能否以妻子婚前患有狂躁抑郁症为由向法院申请宣告婚姻无效？

法律分析

邓某可以以妻子婚前患有狂躁抑郁症为由向法院申请宣告婚姻无效。

根据我国《婚姻法》第七条及《母婴保健法》第三十八条的规定，患有医学上认为不应当结婚的疾病，属于禁止结婚的情形。具体的不应当结婚的疾病主要包括：患有艾滋病、淋病、梅毒、麻风病等传染性疾病；患有精神分裂症、躁狂抑郁型精神病以及其他重型精神病；生殖器官发育异常，不能性生活，且无法矫治者。

禁止特定疾病的患者结婚，是许多国家立法的通例。因为患有特定疾病的人会给对方带来生理上和精神上的危害，同时也不利于患者本人的健康。双方如果结婚，还会将该疾病遗传给子女，给后代造成不幸。最后，也不利于整个民族乃至整个人类的发展。

在本案中，林某婚前即患有严重的躁狂抑郁型精神疾病，其在未治愈的情况下就与邓某结婚，且婚后该疾病也未得到治愈，因此邓某与林某的婚姻应当属于法律规定的无效婚姻，此时邓某是有权以此为由向法院申请宣告婚姻无效的。

条文链接

《中华人民共和国婚姻法》

第七条　有下列情形之一的，禁止结婚：

（一）直系血亲和三代以内的旁系血亲；

（二）患有医学上认为不应当结婚的疾病。

第十条　有下列情形之一的，婚姻无效：

（一）重婚的；

（二）有禁止结婚的亲属关系的；

（三）婚前患有医学上认为不应当结婚的疾病，婚后尚未治愈的；

（四）未到法定婚龄的。

《中华人民共和国母婴保健法》

第三十八条　本法下列用语的含义：

指定传染病，是指《中华人民共和国传染病防治法》中规定的艾滋病、淋病、梅毒、麻风病以及医学上认为影响结婚和生育的其他传染病。

严重遗传性疾病，是指由于遗传因素先天形成，患者全部或者部分丧失自主生活能力，后代再现风险高，医学上认为不宜生育的遗传性疾病。

有关精神病，是指精神分裂症、躁狂抑郁型精神病以及其他重型精神病。

产前诊断，是指对胎儿进行先天性缺陷和遗传性疾病的诊断。

人生启示

为了孕育出优良的下一代，同时为了提高全民素质，从根本上保障优生，我国法律明确规定了禁止结婚的条件，其中很重要的一条是关于患有医学上认为不应当结婚的疾病，主要包括传染性疾病、重型精神病、生殖器官发育异常等疾病，患有这些疾病的人不仅会严重危害自身的健康，还会传染给配偶，祸及后代。因此，不管是患有这些疾病的人，还是与之相恋的人一定要早发现早治疗，完全治愈后再结婚才是对彼此最负责任的体现。

8. 婚姻被法院宣告无效，当事人能否提出上诉？

家庭场景

霍某25岁，在打工时结识了18岁的潘某，并被潘某的年轻貌美所吸引，经过不懈的追求，最终与潘某确立了恋爱关系。不久后，两人便商议着结婚的事情。由于潘某还未达到法定的结婚年龄，霍某便通过不法手段，伪造了潘某的身份证，篡改潘某的年龄，最终在民政部门办理了结婚登记。婚后，一开始潘某觉得霍某对自己很是关心疼爱，后发现霍某有喝酒赌博的癖好，而且喝多了还会动手打人。潘某觉得霍某的性格让她不能忍受，于是向法院起诉离婚。法院最终通过调查发现，潘某的实际年龄未达到法定结婚年龄，于是宣告二人的婚姻无效。霍某对此不服，提出上诉。

法律疑点

婚姻被法院宣告无效，当事人不服，能否提出上诉？

法律分析

婚姻被法院宣告无效，霍某不能向法院提出上诉。

根据我国《婚姻法》第七条和第十条的规定可知，我国对于结婚有着严格的要求，婚姻无效包括四种情形：重婚，有禁止结婚的亲属关系，婚前患有医学上认为不应当结婚的疾病、婚后尚未治愈，未到法定婚龄。同时，根据《最高人民法院关于适用〈中华人民共和国婚姻法〉若干问题的解释（二）》第三条以及《最高人民法院关于适用〈中华人民共和国婚姻法〉若干问题的解释（一）》第九条的规定可知，人民法院受理离婚案件后，经审查确属无效婚姻的，应当将婚姻无效的情形告知当事人，并依法作出宣告婚姻无效的判决。有关婚姻效力的判决一经作出，即发生法律效力。涉及财产分割和子女抚养的，可以调解。调解达成协议的，另行制作调解书。对财产分割和子女抚养问题的判决不服的，当事人可以上诉。

法律规定婚姻无效的情形，并且赋予法院确认婚姻无效的权力，是为了更好地约束婚姻当事人，严格按照法律规定的结婚要件办理结婚登记，只有合法有效的婚姻才会得到法律的认可和保护。导致婚姻无效的事由只有上述四种情形，人民法院可以根据案情直接进行确认，没有再次进行确认的必要。因此，婚姻无效的判决一经法院作出即发生法律效力，当事人对此不得上诉。

在本案中，潘某18岁，未达到法定的结婚年龄，因此其与霍某的婚姻属于无效婚姻。法院一经作出确认婚姻无效的判决，该判决即发生法律效力，霍某对此不得上诉。

条文链接

《中华人民共和国婚姻法》

第七条　有下列情形之一的，禁止结婚：

（一）直系血亲和三代以内的旁系血亲；

（二）患有医学上认为不应当结婚的疾病。

第十条　有下列情形之一的，婚姻无效：

（一）重婚的；

（二）有禁止结婚的亲属关系的；

（三）婚前患有医学上认为不应当结婚的疾病，婚后尚未治愈的；

（四）未到法定婚龄的。

《最高人民法院关于适用〈中华人民共和国婚姻法〉若干问题的解释（二）》

第三条　人民法院受理离婚案件后，经审查确属无效婚姻的，应当将婚姻无效的情形告知当事人，并依法作出宣告婚姻无效的判决。

《最高人民法院关于适用〈中华人民共和国婚姻法〉若干问题的解释（一）》

第九条　人民法院审理宣告婚姻无效案件，对婚姻效力的审理不适用调解，应当依法作出判决；有关婚姻效力的判决一经作出，即发生法律效力。

涉及财产分割和子女抚养的，可以调解。调解达成协议的，另行制作调解书。对财产分割和子女抚养问题的判决不服的，当事人可以上诉。

人生启示

导致婚姻无效的事由是法定的，无效婚姻一经当事人申请，法院判决确属无效的，属于终局性判决，当事人无权上诉，即使申请上诉，法院也不会审理。但如果当事人对涉及财产分割和子女抚养问题的判决不服的，可以在规定时间内上诉，法院应该受理，判决生效后也可申诉。

9. 法院宣布婚姻无效后对当事人会产生什么后果？

家庭场景

白某与余某是在火车上结识的，当时二人对各自的经历都感同身受，一路上觉得有聊不完的话题，下车时二人互留了联系方式。不久，两人便确立了恋爱关系，余某来到白某生活的城市。几个月下来，二人相处得十分融洽，结果未与家长商量，他们便去婚姻登记部门办理了结婚登记。婚后，二人生育了一儿一女，白某在外打工，余某在家负责照顾孩子和老人。后白某的生意越做越大，其对只知道相夫教子的余某越来越不满意，二人开始频繁地争吵。白某最终向余某提出离婚，余某不同意，白某只能向法院起诉离婚。令人咋舌的是，法院经过调查发现，白某与余某其实是三代以内的旁系血亲关系，因此宣布二人的婚姻关系无效。

法律疑点

法院宣布白某与余某婚姻无效后会产生什么后果?

法律分析

法院宣布白某与余某婚姻无效后，二人的婚姻自始无效，二人同居期间的财产应协商处理；协商不成，法院根据照顾无过错方的原则判决，二人所生孩子与合法婚姻所生子女享有的权利相同。

根据我国《婚姻法》第十二条的规定，无效或被撤销的婚姻，自始无效。当事人不具有夫妻的权利和义务。同居期间所得的财产，由当事人协议处理；协议不成时，由人民法院根据照顾无过错方的原则判决。对重婚导致的婚姻无效的财产处理，不得侵害合法婚姻当事人的财产权益。当事人所生的子女，适用《婚姻法》有关父母子女的规定。

无效婚姻制度作为保障合法婚姻的有效手段，是结婚制度中不可缺少的内容，也是《婚姻法》中必不可少的部分。通过明确其法律后果，使结婚制度处于完整状态，使《婚姻法》制度得到完善，有利于对合法婚姻的保护和对违法婚姻的制裁。

在本案中，白某和余某是三代以内旁系血亲关系，属于《婚姻法》禁止结婚和婚姻无效的情形，因此二人的婚姻关系自始无效，不具有夫妻的权利和义务。同居期间所得的财产，二人协议处理；协议不成，法院根据照顾无过错方的原则判决。二人所生的子女享有的权利与合法婚姻所生子女享有的权利相同。

条文链接

《中华人民共和国婚姻法》

第十二条 无效或被撤销的婚姻，自始无效。当事人不具有夫妻的权利和义务。同居期间所得的财产，由当事人协议处理；协议不成时，由人民法院根据照顾无过错方的原则判决。对重婚导致的婚姻无效的财产处理，不得侵害合法婚姻当事人的财产权益。当事人所生的子女，适用本法有关父母子女的规定。

人生启示

以婚姻为基础的家庭，是社会肌体上的细胞组织，承担着多方面的社会职能。婚姻状况如何，不仅关系到当事人的利益，也关系到子女、家庭和社会的利益。在现实生活当中，违法婚姻屡禁不止。因此，必须用法定的条件和程序来规范人们的结婚行为，以保证婚姻质量，使婚姻关系走上健康发展的轨道。

10. 因受人威胁而与其结婚，能否向法院申请撤销婚姻关系？

家庭场景

李某大学毕业后来到某公司上班，在上班过程中认识了柯某。柯某是李某的主管领导，平时对李某关爱有加。在一次办公室聚会中，柯某酒后向李某表白，希望李某能做他的女朋友，李某考虑到柯某平时表现还不错，就当场答应了柯某。李某和柯某相处过程中，渐渐发现柯某性格怪异，很喜欢操控别人，限制自己的自由，于是向柯某提出分手。然而，柯某得知李某要与自己分手后暴跳如雷，并以手中有和李某拍摄的私密视频威胁李某和自己结婚，如果李某不同意就将视频公之于众，并杀了她。李某对此感到十分恐惧，只好答应与柯某结婚。婚后没多久，李某觉得与柯某生活很痛苦，便想到向法院申请撤销婚姻关系。

法律疑点

被人威胁而与其结婚，李某能否向法院申请撤销婚姻关系？

法律分析

李某可以向法院申请撤销与柯某的婚姻关系。

根据我国《婚姻法》第十一条的规定，受胁迫而结婚是可撤销婚姻的法定情形。当事人如要撤销婚姻，应当在结婚之日起一年内向人民法院提出申请；如果当事人被限制人身自由，应当在恢复人身自由之日起一年内向人民法院提出申请。同时《最高人民法院关于适用〈中华人民共和国婚姻法〉若干问题的解释（一）》第十条对《婚姻法》第十一条中所称的“胁迫”作了解释，是指行为人以给另一方当事人或者其近亲属的生命、身体健康、名誉、财产等方面造成损害为要挟，迫使另一方当事人违背真实意愿结婚的情况。因受胁迫而请求撤销婚姻的，只能是受胁迫一方的婚姻关系当事人本人。

胁迫婚姻违反了结婚须男女双方完全自愿的原则，是违法婚姻，自始不发生法律效力。考虑到被胁迫的一方在结婚时，虽然是违背自己的意愿与他人缔结婚姻关系，但有可能在和他人结婚后，与对方建立了一定的感情，婚姻关系还不错，特别是在有了孩子的情况下，与对方、与孩子更有一种难以割舍的关系，此时，法律明确规定胁迫婚姻为可撤销婚姻，但把是否否认其婚姻效力的申请请求权交给受胁迫方，并给予申请方一年的时间，这更有利于维护当事人的意愿和家庭关系的安定。

在本案中，李某与柯某结婚完全是由于柯某的威胁，在其胁迫之下与之结婚，违背了自身的自由意志，属于可撤销的婚姻。李某在婚后不到一年，便向法院申请撤销该婚姻，符合法律规定的申请撤销婚姻的期间，因此法院应当依法宣判撤销李某与柯某的婚姻。

条文链接

《中华人民共和国婚姻法》

第十一条 因胁迫结婚的，受胁迫的一方可以向婚姻登记机关或人民法院请求撤销该婚姻。受胁迫的一方撤销婚姻的请求，应当自结婚登记之日起一年内提出。被非法限制人身自由的当事人请求撤销婚姻的，应当自恢复人身自由之日起一年内提出。

《最高人民法院关于适用〈中华人民共和国婚姻法〉若干问题的解释（一）》

第十条 婚姻法第十一条所称的“胁迫”，是指行为人以给另一方当事人或者其近亲属的生命、身体健康、名誉、财产等方面造成损害为要挟，迫使另一方当事人违背真实意愿结婚的情况。

因受胁迫而请求撤销婚姻的，只能是受胁迫一方的婚姻关系当事人本人。

人生启示

现实生活中，总有一些婚姻会违背当事人的意志自由，我国法律赋予当事人向有关部门申请撤销的权利。由于结婚当时违背了双方自愿的原则，不具备婚姻成立的必要条件，因此在结婚之后的一段时间内，受害一方可以向法院提出撤销该婚姻的申请，由此使该婚姻自始无效。值得注意的是，当事人一定要在规定的时限内行使撤销权，一旦超过这一时限，受损害当事人将得不到法律的有效救济。

11. 以结婚是受胁迫为由申请撤销婚姻，需要提交哪些证明材料？

家庭场景

王某是一位大龄女青年，一心扑在工作上，30多岁了还没有对象。王某的父母看在眼里，急在心上，四处托亲戚朋友为王某介绍优秀男青年。谭某就是王某父母经过千挑万选，确定的最佳人选。王某和谭某接触后，觉得谭某温文尔雅，很快便和其确立了恋爱关系，并且打算于年底结婚。随着了解的加深，王某渐渐发现谭某其实一直在欺骗自己，他的学历和工作单位都是伪造的，还隐瞒了曾经结婚并育有一子的事实。王某向谭某提出分手，谭某不同意，多次打电话、发短信威胁王某，称必须与其按照原计划结婚，否则就要杀了王某的父母。王某感到十分害怕，只好答应谭某的要求，与其办理了结婚登记。婚后不久，王某听朋友说被胁迫的婚姻是可以撤销的，于是打算到民政局申请撤销。

法律疑点

王某到法院申请撤销与谭某的婚姻时，需要准备哪些材料？

法律分析

王某申请撤销与谭某的婚姻，需要准备的材料包括：本人的身份证、结婚证和能够证明受胁迫结婚的证明材料。

根据《婚姻登记条例》第九条的规定可知，因胁迫结婚的，受胁迫的当事人依据婚姻法第十一条的规定向婚姻登记机关请求撤销其婚姻的，应当出具下列证明材料：（1）本人的身份证、结婚证；（2）能够证明受胁迫结婚的证明材料。婚姻登记机关经审查认为受胁迫结婚的情况属实且不涉及子女抚养、财产及债务问题的，应当撤销该婚姻，宣告结婚证作废。

法律规定受胁迫方可申请撤销婚姻，是为了保护婚姻受害方的合法利益，但是并不是所有的撤销申请婚姻登记机关都会受理，当事人必须提供一定的材料，必须有足够的证据证明自己受胁迫的事实，否则相应机关无权根据当事人的一方言辞就宣告撤销该婚姻。法律对撤销婚姻需准备的特定材料作出规定，有利于受理机关更加公正地作出裁决，维护各方当事人利益。

在本案中，王某受到谭某的胁迫才与其结婚，王某除了需要在法定期间内向婚姻登记机关申请撤销婚姻，还应当提供一定的材料，包括本人的身份证、结婚证和能够证明受胁迫结婚的证明材料，该证明材料可以表现为谭某威胁王某的电话录音和短信内容等，以及一定的人证。婚姻登记机关会对当事人提交的上述材料进行审查，如果属实，应当撤销该婚姻。

条文链接

《婚姻登记条例》

第九条　因胁迫结婚的，受胁迫的当事人依据婚姻法第十一条的规定向婚姻登记机关请求撤销其婚姻的，应当出具下列证明材料：

（一）本人的身份证、结婚证；

（二）能够证明受胁迫结婚的证明材料。

婚姻登记机关经审查认为受胁迫结婚的情况属实且不涉及子女抚养、财产及债务问题的，应当撤销该婚姻，宣告结婚证作废。

人生启示

俗话说："强扭的瓜不甜。"受胁迫的婚姻脱离了双方的自由意志，注定不会幸福和长久。现实生活中，不管是男性还是女性，一定要擦亮眼睛，自己选择终身伴侣，对自己负责。即使遇到他人的胁迫而结婚，也不要惊慌，一定要注意收集和保存自己受胁迫的证据，及时到相应机关申请撤销婚姻，只有这样，才能最大限度地维护自己的合法权益。

第二章

婚姻财产问题

12. 一方在婚前买的车，会因结婚而转化为夫妻共同财产吗?

家庭场景

张某大学毕业后就来到上海打拼，度过了艰难的创业期，事业总算有了起色。张某将生意挣得的第一笔钱拿来买了一辆车，以方便自己出行。公司运营日渐平稳后，张某经朋友介绍，认识了同在上海打拼的漂亮女孩吴某，两人很快坠入爱河，并最终走入婚姻的殿堂。婚后，二人通过贷款方式购置了新房，房产证上写的是两个人的名字。张某每天开车接送吴某上下班。由于张某事业心过强，渐渐疏忽了吴某，吴某心怀不满，向张某提出了离婚，并且要对房产和车子进行分割。张某表示，房子是夫妻二人的共同财产，但车子是属于他的个人婚姻财产，吴某无权对车子进行分割。但吴某觉得自己与张某结婚以来，车子一直都是夫妻二人在使用，应该算夫妻共同财产，可以对其进行分割。

法律疑点

张某在婚前买的车会因结婚而转化为夫妻共同财产吗?

法律分析

张某在婚前买的车，属于其个人所有的财产，不会因结婚而转化为夫妻共同财产，离婚时妻子吴某无权对此进行分割。

根据我国《婚姻法》第十八条和《最高人民法院关于适用〈中华人民共和国婚姻法〉若干问题的解释（一）》第十九条的规定，一方的婚前财产，为夫妻一方的财产。夫妻一方所有的财产，不因婚姻关系的延续而转化为夫妻共同财产。但当事人另有约定的除外。因此，如无特别约定，一方的婚前财产属于夫妻个人所有的财产。夫妻一方所有的财产，不因婚姻关系的延续而转化为夫妻共同财产。据此，夫妻一方在婚前购买车辆、住房并且取得了所有权，如果当事人之间没有关于该财产为双方共同所有的特殊约定，则该财产并不会因结婚而转化为夫妻共同财产，仍属于一方的婚前财产，离婚时不能作为共同财产进行分割。

法律对夫妻婚前财产、共有财产的范围作出规定，可以有效防止将婚姻关系中的各项财产搞混，更有利于保护夫妻双方的合法权益，维护社会关系的稳定。婚前财产作为夫妻一方在结婚之前所有的财产，包括婚前个人劳动所得财产、继承或受赠的财产以及其他合法财产，其本质上不属于夫妻共同财产，是个人的专属财产，在夫妻对此部分财产未重新进行约定或者进行赠与的情况下，任何人无权占有、使用和处分。

在本案中，该车属于张某婚前购买，为其个人的婚前财产，为自己专有部分，在其未明确对此进行约定分配或进行赠与的情况下，不会因为与吴某存在婚姻关系而成为夫妻共同财产，因此吴某在离婚时无权对该车提出分割要求。

条文链接

《中华人民共和国婚姻法》

第十八条 有下列情形之一的，为夫妻一方的财产：

（一）一方的婚前财产；

（二）一方因身体受到伤害获得的医疗费、残疾人生活补助费等费用；

（三）遗嘱或赠与合同中确定只归夫或妻一方的财产；

（四）一方专用的生活用品；

（五）其他应当归一方的财产。

《最高人民法院关于适用〈中华人民共和国婚姻法〉若干问题的解释（一）》

第十九条 婚姻法第十八条规定为夫妻一方所有的财产，不因婚姻关系的延续而转化为夫妻共同财产。但当事人另有约定的除外。

人生启示

财产问题是当代社会永恒的话题，在婚姻关系中亦是如此。特别是在离婚财产分割中，哪些属于夫妻个人财产，哪些属于夫妻共同财产，对婚姻当事人来说尤为重要，需要进行明确。法律对夫妻一方所有的财产范围进行了明确约定，在没有特殊约定的情况下，该部分财产为一人专有，任何人不得占有、使用和处分。

13. 夫妻可以对婚前个人财产的归属进行约定吗？

家庭场景

曹某和方某是在某商业聚会上认识的，二人都经营着自己的生意。刚见面时，曹某就被方某的沉稳干练吸引了，方某也觉得曹某落落大方，谈吐优雅，因此对其很是心动。二人互相留了联系方式，经常给对方打电话，倾吐心事，有时候也会向对方寻求生意上的建议。很快，二人建立了恋爱关系。相处两年后，二人觉得彼此很契合，考虑要结婚。由于曹某和方某都是性格独立的人，又都有充足的经济实力，为了避免婚后发生财产纠纷，决定在婚前将各自的个人财产进行约定，具体包括哪部分划归为夫妻共同财产，哪部分仍属于个人财产等，划分得很清楚。

法律疑点

曹某和方某可以对婚前个人财产的归属进行约定吗？

法律分析

曹某和方某可以对婚前个人财产的归属进行约定。

根据我国《婚姻法》第十九条的规定，夫妻可以约定婚姻关系存续期间所得的财产以及婚前财产归各自所有、共同所有或部分各自所有、部分共同所有。约定应当采用书面形式。夫妻对婚姻关系存续期间所得的财产以及婚前财产的约定，对双方具有约束力。夫妻对婚姻关系存续期间所得的财产约定归各自所有的，夫或妻一方对外所负的债务，第三人知道该约定的，以夫或妻一方所有的财产清偿。

法律此项规定是关于夫妻约定财产制的规定，代表法律允许夫妻用协议的方式，对婚前和婚姻关系存续期间所得财产的所有权的归属、管理、使用、收益、处分以及对第三人债务的清偿、婚姻解除时财产的分割等事项作出约定，从而排除或部分排除夫妻法定财产制适用，其是相对于法定财产制而言的。该项规定是夫妻以契约的方式依法选择适用的财产制，其优先于法定财产制适用，更能体现夫妻的自由意志。

在本案中，曹某和方某都有各自的婚前个人财产，二人有权根据自己的意愿对婚前财产权属作出约定，其还能对婚姻关系存续期间的财产的归属、管理、使用、收益等事项作出约定。

条文链接

《中华人民共和国婚姻法》

第十九条　夫妻可以约定婚姻关系存续期间所得的财产以及婚前财产归各自所有、共同所有或部分各自所有、部分共同所有。约定应当采用书面形式。没有约定或约定不明确的，适用本法第十七条、第十八条的规定。

夫妻对婚姻关系存续期间所得的财产以及婚前财产的约定，对双方具有约束力。

夫妻对婚姻关系存续期间所得的财产约定归各自所有的，夫或妻一方对外所负的债务，第三人知道该约定的，以夫或妻一方所有的财产清偿。

人生启示

我国现行法律中，凡涉及调整一般民事行为的条款，都贯彻了意思自治、契约订立自由的原则，该原则在婚姻关系中同样适用。在婚姻关系中离不开对财产的分配，根据契约自由原则，男女双方可以在婚前就约定双方在婚后的财产分配，这也体现了公民在婚姻生活中自我防范意识的增强。夫妻双方通过提前约定财产的归属，可以更好地维系家庭关系、化解家庭财产纠纷。

14. 养老保险和住房公积金是否属于夫妻共同财产？

家庭场景

刘某与张某结婚多年，二人都是政府机关工作人员，很注重家庭理财。婚后二人对家庭收入进行分配，将刘某的收入部分主要用于房贷、投资和保险等方面，而张某的收入完全用于家庭日常开销。2017 年，刘某到了退休年龄，开始按月领取养老保险金。刘某闲下来的这一段时间，情绪非常不稳定，经常和张某发生激烈的争吵，甚至一度觉得二人无法共同生活，竟然还向法院提起了离婚诉讼，并请求分割房产等家庭共同财产。张某觉得，除了房产和股票属于夫妻共同财产外，刘某的养老保险金、住房公积金也应当属于夫妻共同财产，因此向法院提出申请，分割婚姻关系存续期间，包括刘某养老保险金、住房公积金在内的8万多元财产。

法律疑点

刘某的养老保险金和住房公积金是否属于夫妻共同财产？

法律分析

刘某与张某婚姻关系存续期间，刘某的养老保险金和住房公积金属于夫妻共同财产。

根据我国《最高人民法院关于适用〈中华人民共和国婚姻法〉若干问题的解释（二）》第十一条的规定，婚姻关系存续期间，男女双方实际取得或者应当取得的住房补贴、住房公积金以及男女双方实际取得或者应当取得的养老保险金、破产安置补偿费属于应当归夫妻共同所有的财产。该条规定既包括婚姻关系存续期间男女双方实际取得的上述财产，又包括其应当取得的该部分，应当取得的情况分为男女双方在婚姻关系存续期间就应当取得却因客观原因不能取得或因当事人本人原因已经取得而未领取的部分。

法律规定婚姻关系存续期间，男女双方实际取得或应当取得的住房补贴、住房公积金、养老保险金、破产安置补偿费属于应当归夫妻共同所有的财产，是因为这些财产在本质上是夫妻双方工资等收益的表现形式，也是在夫妻关系存续期间产生的，符合夫妻共同财产的特征。此外，这样规定也有利于维护家庭关系的稳定，维护婚姻关系秩序。

在本案中，刘某的养老保险和住房公积金是在与张某婚姻关系存续期间用夫妻共同财产缴纳的，刘某退休后该两部分为二人婚姻关系期间实际取得的，应属于夫妻共同财产，因此张某也有权分割。

条文链接

《最高人民法院关于适用〈中华人民共和国婚姻法〉若干问题的解释（二）》

第十一条 婚姻关系存续期间，下列财产属于婚姻法第十七条规定的“其他应当归共同所有的财产”：

（一）一方以个人财产投资取得的收益；

（二）男女双方实际取得或者应当取得的住房补贴、住房公积金；

（三）男女双方实际取得或者应当取得的养老保险金、破产安置补偿费。

人生启示

随着社会生活的发展变化，现在的家庭财产，从财产的范围到财产的构成及财产的数量等都与以往不同，逐渐呈现向多元化方向发展、财产数额增多、投资经营性财产在家庭财产中所占比例增大的趋势。在以家庭为单位的理财规划中，夫妻双方对家庭经济的稳定和发展都有各自的贡献，这是无法单纯用金钱来衡量的。建议夫妻双方都应该有一定的退休财富规划意识，不要把财富规划的责任过于侧重在某一方身上。

15. 婚后承诺将个人房产赠与另一方，过户前反悔怎么办？

家庭场景

2016 年，余某和常某在一次旅行中相识，后余某对常某展开疯狂追求。两人恋爱一年后，便进行了结婚登记，并住进余某婚前个人全款购买的房屋。婚前，为了表达对常某的爱意，余某表示愿意将自己所有的该套房屋赠与常某，并约定办理结婚登记后去房管局办理变更房屋产权登记手续。但婚后两人一直没有提及此事。2018 年 1 月，常某开玩笑似的跟余某提出办理房屋产权登记的事，可随着房价的急速上涨，余某意识到自己的该套房屋存在很大的升值空间，便想反悔，推三阻四一直闭口不谈。常某得知余某拒绝将房产赠与她，并且拒绝去办理房产变更登记，很是愤怒，认为余某已经承诺将房产赠与自己，便不能取消赠与。

法律疑点

余某承诺将个人房产赠与常某，过户前又反悔，常某能否请求继续履行？

法律分析

余某承诺将个人房产赠与常某，过户前又反悔，常某不能请求继续履行。

根据《最高人民法院关于适用〈中华人民共和国婚姻法〉若干问题的解释（三）》第六条的规定，婚前或者婚姻关系存续期间，当事人约定将一方所有的房产赠与另一方，赠与方在赠与房产变更登记之前撤销赠与，另一方请求判令继续履行的，人民法院可以按照合同法第一百八十六条的规定处理。而《合同法》第一百八十六条规定，赠与人在赠与财产的权利转移之前可以撤销赠与。具有救灾、扶贫等社会公益、道德义务性质的赠与合同或者经过公证的赠与合同，不适用前款规定。由此规定可知，赠与关系中，即便双方所签订的赠与合同合法有效，但法律规定了赠与行为在赠与财产转移前可以撤销。也就是说，除具有救灾、扶贫等社会公益、道德义务性质的赠与合同或者经过公证的赠与合同外，一般性质的赠与，对于动产，只有交付了才发生法律效力；对于不动产，只有办理了赠与财产的权利转移手续才发生法律效力。

该条法律规定明确了夫妻之间赠与房产，如未变更登记可撤销赠与。情侣或夫妻之间为表达感情，经常会出现一方向另一方允诺金钱、房产等行为，这种行为可以视为一种赠与，应当适用法律关于赠与的相关规定。对于赠与的动产，只有实际交付后才发生法律效力；对于赠与的不动产，在办理变更登记前反悔的，就表示一方作出了撤销赠与的意思表示，该赠与行为也就不发生相应的法律效力。

在本案中，余某婚前承诺将自己的个人房产赠与妻子常某，但在双方进行房产变更登记之前反悔，这可以视为撤销赠与。该赠与并非法律规定的不得撤销的情形，因此赠与人有权撤销赠与，撤销时间发生在办理赠与财产的权利转移手续之前，该撤销是合法有效的。

条文链接

《最高人民法院关于适用〈中华人民共和国婚姻法〉若干问题的解释（三）》

第六条 婚前或者婚姻关系存续期间，当事人约定将一方所有的房产赠与另一方，赠与方在赠与房产变更登记之前撤销赠与，另一方请求判令继续履行的，人民法院可以按照合同法第一百八十六条的规定处理。

人生启示

生活中，男女双方通过平等协商，或者一方为了维护感情主动将自己的财产赠与对方，如对方不需支付相应对价即可视为赠与行为。依据法律规定，除上述几种特殊情形外，在财产权利转移前可以撤销赠与。我们社会主义道德风尚提倡夫妻间财产平等，互助互爱，同时反对不劳而获。夫妻一方以不正当的目的向对方索要财产的行为不可取，同时，财产所有权一方在决定赠与时要谨慎。

16. 婚后女方父母为女儿买房，房产证上仅写女方名字，男方能否主张该房产为夫妻共同财产？

家庭场景

侯某是家里的独生女，自幼被父母视为掌上明珠，受尽宠爱。2016 年，侯某在地铁上结识了见义勇为抓小偷的周某，顿时被这个热心又朴实的小伙子吸引了。侯某不介意周某是农村家庭出身，经济实力较差，主动追求周某。最终周某与侯某确定了恋爱关系。2017 年底，二人便到民政局办理了结婚登记并举办了婚礼。婚后，由于二人一直在外租房，侯某的父母便全款出资在市中心为女儿买了一套房子，并且登记在女儿侯某名下。周某得知房产证上仅有侯某名字后，表示自己既然已经和侯某结婚，该房产又是夫妻二人婚后购买的，因此该房产应当属于二人共同财产。

法律疑点

侯某父母出资购买的房屋，房产证上仅有侯某的名字，周某能否主张该房产为夫妻二人共同财产？

法律分析

该房产为侯某个人财产，周某不能主张其为夫妻二人共同财产。

根据《婚姻法》第十八条以及《最高人民法院关于适用〈中华人民共和国婚姻法〉若干问题的解释（三）》第七条的规定，遗嘱或赠与合同中确定只归夫或妻一方的财产，为夫妻一方的财产。婚后由一方父母出资为子女购买的不动产，产权登记在出资人子女名下的，可按照婚姻法第十八条第（三）项的规定，视为只对自己子女一方的赠与，该不动产应认定为夫妻一方的个人财产。由双方父母出资购买的不动产，产权登记在一方子女名下的，该不动产可认定为双方按照各自父母的出资份额按份共有，但当事人另有约定的除外。

法律规定男女一方父母为其子女购买的房产，不归另一方所有，有利于保护婚前夫妻一方的私有财产，实现法律公平，同时有利于弘扬男女平等，增强人们的独立意识与权利意识。

在本案中，侯某父母是在侯某与周某结婚之后购置的房屋，其在房产证上仅写了侯某的名字，该房产视为对侯某的赠与，属于侯某的个人财产，并不会因为侯某与周某结婚而成为夫妻共同财产。

条文链接

《中华人民共和国婚姻法》

第十八条　有下列情形之一的，为夫妻一方的财产：

（一）一方的婚前财产；

（二）一方因身体受到伤害获得的医疗费、残疾人生活补助费等费用；

（三）遗嘱或赠与合同中确定只归夫或妻一方的财产；

（四）一方专用的生活用品；

（五）其他应当归一方的财产。

《最高人民法院关于适用〈中华人民共和国婚姻法〉若干问题的解释（三）》

第七条　婚后由一方父母出资为子女购买的不动产，产权登记在出资人子女名下的，可按照婚姻法第十八条第（三）项的规定，视为只对自己子女一方的赠与，该不动产应认定为夫妻一方的个人财产。

由双方父母出资购买的不动产，产权登记在一方子女名下的，该不动产可认定为双方按照各自父母的出资份额按份共有，但当事人另有约定的除外。

人生启示

由于房价上涨，房屋的价值比重占据了现代家庭财产的大部分，房产分配的问题已经直接影响到夫妻的生活品质。父母出资买房是对孩子的一种关爱，若离婚，不能既让父母伤心，又让父母的财产受到损失。因此，婚后一方父母全额出资买房，产权登记在自己子女名下，应当视为出资父母对自己子女的赠与。实际生活中，一旦涉及房产分配问题，一定要全面准确地收集证据，维护自身利益。

17. 丈夫未经妻子同意出售夫妻共有房屋，妻子是否有权追回该房屋？

家庭场景

秦某和韩某于2013年登记结婚。2015年4月，两人手里有了一定的积蓄，便通过贷款方式买了一套房屋，并将韩某登记为该房屋的权利人。房屋首付款是二人婚后的积蓄，每月贷款也是由二人共同偿还。2017年6月，韩某的朋友汪某表示想购买韩某的房子。韩某当即同意，并与汪某签订了房屋买卖合同，以108万元的价格将房子卖给汪某，并同汪某一起去办理了房屋产权过户手续。不久，妻子秦某得知丈夫瞒着自己，擅自将房屋转让给他人，执意讨回房子。她认为，房屋虽然只登记丈夫韩某一个人的名字，但是该房屋属于夫妻共同财产，韩某擅自转让该房屋的行为属于无权处分。为此，秦某找到汪某，表示丈夫韩某和其之间的房屋买卖合同无效，其应当返还房屋。但汪某认为自己当时并不知道他们夫妻二人没有协商卖房的事，而且自己也是按照市场价格购买并已经办理房产过户，因此不同意返还。

法律疑点

秦某有权向汪某主张要回房屋吗？

法律分析

该房屋已由汪某取得，秦某无权向汪某主张追回该房屋。

根据我国《最高人民法院关于适用〈中华人民共和国婚姻法〉若干问题的解释（三）》第十一条以及《物权法》第一百零六条的规定，一方未经另一方同意出售夫妻共同共有的房屋，第三人善意购买、支付合理对价并办理产权登记手续，另一方主张追回该房屋的，人民法院不予支持。夫妻一方擅自处分共同共有的房屋造成另一方损失，离婚时另一方请求赔偿损失的，人民法院应予支持。

以上法律规定解答了夫妻一方擅自处分登记在其名下的夫妻共有房屋效力的认定以及第三人是否可依据善意取得制度取得房屋所有权的问题。法律通过认可第三人的善意取得，肯定了这一产权交易行为的效力，有利于保护交易秩序和当事人的信赖利益。法律同时赋予在这一产权交易过程中无过错一方，在离婚时享有损害赔偿权，也有效维护了其合法权益。

在本案中，该房屋虽属秦某与韩某的夫妻共同财产，但该房屋登记的权利人仅为韩某一人，基于对登记的信赖，汪某才与韩某签订房屋买卖合同。根据善意取得制度，汪某已经合法取得系争房屋的所有权，故秦某不能以韩某无权擅自处分为由，要求汪某退还房屋。

条文链接

《中华人民共和国物权法》

第一百零六条 无处分权人将不动

产或者动产转让给受让人的，所有权人有权追回；除法律另有规定外，符合下列情形的，受让人取得该不动产或者动产的所有权：

（一）受让人受让该不动产或者动产时是善意的；

（二）以合理的价格转让；

（三）转让的不动产或者动产依照法律规定应当登记的已经登记，不需要登记的已经交付给受让人。

……

《最高人民法院关于适用〈中华人民共和国婚姻法〉若干问题的解释（三）》

第十一条　一方未经另一方同意出售夫妻共同共有的房屋，第三人善意购买、支付合理对价并办理产权登记手续，另一方主张追回该房屋的，人民法院不予支持。

夫妻一方擅自处分共同共有的房屋造成另一方损失，离婚时另一方请求赔偿损失的，人民法院应予支持。

人生启示

夫妻一方擅自处分共有房屋，在实践中时有发生。为维护自己的合法权益，避免出现不必要的争议，提醒当事人注意几点：首先，婚姻关系存续期间所购房屋最好登记为夫妻双方共有；如果婚姻关系存续期间所购房屋登记在一方名下，可以到房地产登记机关办理相关手续，变更登记权利人记载。其次，为了防止离婚过程中，夫妻一方擅自处分共同财产，另一方可申请财产保全。最后，对购房人而言，尽量不要与夫妻一方单独签署购房合同，最好要求夫妻双方共同签字。

18. 夫妻婚后将一方婚前承租的房屋购买，该房屋权属如何认定？

家庭场景

小李和小孙大学毕业后都到北京打拼。2016年，二人在工作中结识，并彼此心生好感。恋爱一年后，两人便领证结了婚。婚后在商讨买房事宜时，由于小李租住的地方环境好、交通便利，离双方工作单位也比较近，二人都觉得小李租住的房屋各方面还不错，便与房东商讨购买该房屋，最终用二人的婚后财产购买了该房屋，房屋产权证上登记的是小李的名字。小李和小孙婚后生活刚开始时很是美满幸福，后小孙发现小李经常夜不归宿，且经常和别的女人聊天到深夜。经过多番盘问，小李承认自己出轨了。于是小孙向小李提出离婚，并提出分割房屋及其他财产的请求。但小李表示，该房屋应属于其个人财产，并非夫妻共同财产。

法律疑点

小李说的对吗？夫妻婚后购买的一方婚前承租的房屋，是否属于夫妻共同财产？

法律分析

小李的说法是错误的，夫妻婚后购

买的一方婚前承租的房屋，属于夫妻共同财产。

根据《最高人民法院关于适用〈中华人民共和国婚姻法〉若干问题的解释（二）》第十九条及第二十条的规定，由一方婚前承租、婚后用共同财产购买的房屋，房屋权属证书登记在一方名下的，应当认定为夫妻共同财产。双方对夫妻共同财产中的房屋价值及归属无法达成协议时，按照以下情形分别处理：（一）双方均主张房屋所有权并且同意竞价取得的，应当准许；（二）一方主张房屋所有权的，由评估机构按市场价格对房屋作出评估，取得房屋所有权的一方应当给予另一方相应的补偿；（三）双方均不主张房屋所有权的，根据当事人的申请拍卖房屋，就所得价款进行分割。

法律对一方婚前承租、婚后用共同财产购买房屋，而产权登记在一方名下的财产性质的认定问题作出特殊规定，充分尊重了婚姻的特殊性。因为依据通常的观点，房屋属于不动产，房屋登记具有公示公信效力，无论出资情况如何，如果没有特别说明或协议，应视为房屋产权证书上所列人所有，至于该房屋购买时的其他共同出资人，其并没有该房屋的所有权，其与房屋产权证书登记人之间的关系属于一般的债权债务关系。但是，鉴于婚姻关系的特殊性，即使房屋产权登记在一方名下，但如果该房屋系一方婚前承租，婚后用共同财产购买的，则该房屋属于夫妻共同财产。

在本案中，该房屋为婚前小李租住的房屋，婚后是由小李和小孙二人用夫妻共同财产购买的，虽然房产证上仅有小李一人的名字，但仍属于夫妻共同财产。二人在离婚时可对该房屋进行分割，具体分割情况应先由二人协商，协商不成时，则依照上述法律规定进行分割。

条文链接

《最高人民法院关于适用〈中华人民共和国婚姻法〉若干问题的解释（二）》

第十九条 由一方婚前承租、婚后用共同财产购买的房屋，房屋权属证书登记在一方名下的，应当认定为夫妻共同财产。

第二十条 双方对夫妻共同财产中的房屋价值及归属无法达成协议时，人民法院按照以下情形分别处理：

（一）双方均主张房屋所有权并且同意竞价取得的，应当准许；

（二）一方主张房屋所有权的，由评估机构按市场价格对房屋作出评估，取得房屋所有权的一方应当给予另一方相应的补偿；

（三）双方均不主张房屋所有权的，根据当事人的申请拍卖房屋，就所得价款进行分割。

人生启示

随着社会的进步与发展，夫妻之间对财产的关注越来越强烈，尤其是涉及财产分割以及财产继承时，因为财产关系到一个人的生存问题，当无法与他人共同生活时，最重要的就是财产该如何处理。婚姻家庭纠纷中，夫妻共同财产的认定是关键，婚姻当事人一定要运用法律来维护自身利益，属于自己的部分坚决要争取到。

19. 婚前一方父母为夫妻购置的婚房属于一方的个人财产还是夫妻共同所有？

家庭场景

时某和蒋某大学时就在一起了，大学毕业后二人共同留在上学的城市打拼。由于时某和蒋某刚毕业参加工作，还没有积蓄，暂时住在租的房子里。2017 年底，在双方家人的催促下，二人商议于 2018 年 5 月结婚。时某的父母对未来的儿媳蒋某非常满意，为了祝贺二人结婚，2018 年 2 月，时某父母特意在二人工作的城市出资 100 万元购买了一套房屋，作为时某与蒋某的结婚用房。婚后，时某与蒋某经常因为琐事发生争吵，二人的分歧越来越大，彼此都觉得生活得很疲惫。于是二人协议离婚，涉及财产分割部分时，蒋某表示所住房屋属于夫妻共同财产，应当进行分割。而时某表示房屋为其父母购买，应视为自己的个人财产，蒋某无权分割。

法律疑点

婚前时某父母为双方购置的婚房属于时某的个人财产还是夫妻共同所有？

法律分析

该房屋是否属于时某和蒋某的夫妻共同财产要视具体情况而定，如果时某的父母明确表示赠与他们二人，那么这就属于夫妻共同财产，否则，这套房屋就应当认定为时某父母对其儿子的个人赠与，是时某的个人财产。

根据《婚姻法》第十八条以及《最高人民法院关于适用〈中华人民共和国婚姻法〉若干问题的解释（二）》第二十二条的规定，遗嘱或赠与合同中确定只归夫或妻一方的财产，为夫妻一方的财产。当事人结婚前，父母为双方购置房屋出资的，该出资应当认定为对自己子女的个人赠与，但父母明确表示赠与双方的除外。

该条法律规定明确了父母出资为子女购买房屋的产权归属的认定问题，将一方父母婚前出资购买的房屋权属按照一般情况和特殊约定的情况，分别归属个人、夫妻，可以最大限度地维护各方利益，保护家庭关系和社会关系的稳定。

在本案中，时某的父母为时某结婚出资购买的房屋，一般情况下应依法被认定为对时某的个人赠与，属于时某的个人财产。但如果时某的父母明确表示该房屋是对时某与蒋某的共同赠与，则应视为夫妻共有财产。

条文链接

《中华人民共和国婚姻法》

第十八条　有下列情形之一的，为夫妻一方的财产：

（一）一方的婚前财产；

（二）一方因身体受到伤害获得的医疗费、残疾人生活补助费等费用；

（三）遗嘱或赠与合同中确定只归夫或妻一方的财产；

（四）一方专用的生活用品；

（五）其他应当归一方的财产。

《最高人民法院关于适用〈中华人民共和国婚姻法〉若干问题的解释（二）》

第二十二条第一款 当事人结婚前，父母为双方购置房屋出资的，该出资应当认定为对自己子女的个人赠与，但父母明确表示赠与双方的除外。

人生启示

现代生活中，新结婚的年轻人由于经济实力有限，大多是由父母购房供其结婚居住，此时该房屋产权归属的认定至关重要。作为婚姻当事人，不管是该房屋为赠与婚姻关系中的一人所有，还是赠与夫妻双方，都应当收集、保存好证据，这样可以更好地应对日后的财产纠纷，维护自身利益。

20. 夫妻一方能否在不解除婚姻关系的情况下，主张对夫妻共同财产进行分割？

家庭场景

2015年3月，金某与田某结婚，二人之前都有过一次婚姻。金某与前妻未生育孩子，而田某与前夫育有一子，离婚后孩子被法院判给田某前夫抚养。金某与田某结婚后，为了不让田某奔波，能安心照顾家庭，二人商议由金某负责挣钱养家，田某在家照顾老人以及负责掌管钱财，日常开销田某说了算。起初，金某觉得田某特别勤俭持家，将家里各项事务处理得井井有条，可后来渐渐发现在田某的掌管下，家里的花销越来越大，每月基本入不敷出。经过调查，金某才知道田某每月将二人共同财产中的很大一部分都存了起来，打算留给自己的儿子。金某对田某这种做法十分不满，两人因此吵架。金某向法院起诉，要求分割夫妻共同财产，但并不想离婚。

法律疑点

金某能否在不解除婚姻关系的情况下主张对夫妻共同财产进行分割？

法律分析

金某可以在不解除婚姻关系的情况下主张对夫妻共同财产进行分割。

根据《最高人民法院关于适用〈中华人民共和国婚姻法〉若干问题的解释（三）》第四条的规定，婚姻关系存续期间，夫妻一方请求分割共同财产的，人民法院不予支持，但有下列重大理由且不损害债权人利益的除外：（一）一方有隐藏、转移、变卖、毁损、挥霍夫妻共同财产或者伪造夫妻共同债务等严重损害夫妻共同财产利益行为的；（二）一方负有法定扶养义务的人患重大疾病需要医治，另一方不同意支付相关医疗费用的。一般情况下，夫妻分割共同财产，要以离婚为前提条件，如果不离婚，是不能提出分割共同财产的。考虑到一些特殊情况，法律明确在出现上述两种例外情况时，可以在不离婚的情况下分割共同财产。

法律规定特定情况下，夫妻可在不离婚情况下对共同财产进行分割，是婚姻财产方面的重大突破。它确立了婚内分割财产制度，更好地保护了夫妻双方中弱势一方。在符合一定条件的情况下，弱势方不用以婚姻破裂为代价，可以在婚内直接起诉要求分割夫妻共同财产，从而保护自己的财产。

在本案中，金某与田某婚姻关系存续期间，田某未经丈夫金某同意擅自将夫妻共同财产转移给自己的儿子，严重损害了金某的利益，此时金某可以根据《最高人民法院关于适用〈中华人民共和国婚姻法〉若干问题的解释（三）》的规定，向法院请求对婚姻关系存续期间的夫妻共同财产进行分割。

条文链接

《最高人民法院关于适用〈中华人民共和国婚姻法〉若干问题的解释（三）》

第四条 婚姻关系存续期间，夫妻一方请求分割共同财产的，人民法院不予支持，但有下列重大理由且不损害债权人利益的除外：

（一）一方有隐藏、转移、变卖、毁损、挥霍夫妻共同财产或者伪造夫妻共同债务等严重损害夫妻共同财产利益行为的；

（二）一方负有法定扶养义务的人患重大疾病需要医治，另一方不同意支付相关医疗费用的。

人生启示

一般来说，夫妻关系是天然的共同共有关系，夫妻双方在婚姻关系存续期间，不得请求分割共同的财产，只有在夫妻关系终止、夫妻共同财产分割以后，才能确定各自的份额。但是，法律还特别规定在特殊情况下，可以在婚姻关系存续期间，请求分割夫妻共同财产。这样就可以保护夫妻间在经济上处于弱势的一方，尤其是长年担任家庭主妇的女性，使她们面临被动离婚的困境时，有了很好的救济渠道。婚姻关系中，当事人一旦发现存在上述的特殊情况，应当及时拿起法律武器维护自身合法权益。

21. 军人的伤残补助金属于其个人所有还是夫妻共同所有？

家庭场景

张某从小就对军旅生活有着无限向往，成年后便应征入伍。在部队期间，张某一直严格要求自己，在训练场和执行任务过程中表现都很出色。2016年，在一次执行抗震抢险任务时，张某不慎在余震中被墙板砸中，经医院诊断为重伤，右腿留下了残疾，并因此获得了伤残补助金15万元。2017年，张某退伍后，经过家人介绍认识了崔某，崔某是个温柔贤惠的姑娘，她听了张某的事迹后对其心生爱慕。二人确立了恋爱关系，并于2017年底登记结婚。婚后，崔某渐渐发现与张某的性格差异较大，二人的人生观、世界观存在较大分歧。二人决定协议离婚。在离婚过程中，崔某要求分割该15万元伤残补助金，但张某不同意。

法律疑点

张某的伤残补助金到底属于其个人财产还是夫妻共同财产？崔某是否有权进行分割？

法律分析

张某的伤残补助金属于其个人财产，崔某无权主张分割。

根据我国《最高人民法院关于适用〈中华人民共和国婚姻法〉若干问题的解释（二）》第十三条的规定，军人的伤亡保险金、伤残补助金、医药生活补助费属于个人财产。该条是关于夫妻关系中，军人一方的个人财产的规定，其明确规定军人的伤亡保险金、伤残补助金、医药生活补助费属于其个人财产，而非夫妻共同财产。

法律之所以这样规定，一方面是由于军人的伤亡保险金与军人这一身份密切相关，明显具有特定的人身属性，应当属于军人一方的个人财产；另一方面，军人的伤残补助金符合《婚姻法》第十八条“一方因身体受到伤害获得的医疗费、残疾人生活补助费等费用为夫妻一方的财产”的规定，故也应当归军人个人所有。而且带病军人，既需要继续服用药品，又因失去部分劳动能力，无法维持本人生活，所以需要给予适当的医药补助和生活补助。法律这样规定可以更好地保障军人的基本利益，保障军人离婚后的基本生活。

本案中，张某是在部队服役期间，因公负伤获得伤残补助金15万元，由于其具有严格的人身属性，应当适用《最高人民法院关于适用〈中华人民共和国婚姻法〉若干问题的解释（二）》第十三条的规定，即该15万元伤残补助金应当属于张某的个人财产，崔某无权主张其为夫妻共同财产而进行分割。

条文链接

《最高人民法院关于适用〈中华人民共和国婚姻法〉若干问题的解释（二）》

第十三条 军人的伤亡保险金、伤残补助金、医药生活补助费属于个人财产。

人生启示

军人属于社会中的特殊群体，同样，军人的婚姻，不论是结婚还是离婚都和普通人的婚姻有所不同。离婚时，势必要涉及对夫妻共同财产的分割，此时对军人个人财产部分的认定尤为重要。该个人部分是依附于军人个人的，是国家给予的一份保障，并不会因为婚姻关系而转化为夫妻共同财产。不管是军人一方还是军人的配偶方，一定要知道哪部分是夫妻可以共同所有的，哪部分独属于军人个人所有，这样才能尽可能避免纠纷，维护社会安定。

22. 丈夫欠下的债款，债权人能否向妻子主张要求其偿还？

家庭场景

卢某是村里的大龄男青年，父母多次托人为其介绍对象。2015 年，经过村里媒人的介绍，卢某与陶某结识，卢某对陶某的长相、性格、谈吐等都十分满意，陶某也觉得卢某踏实可靠，因此二人确立了恋人关系。经过两年的相处，二人觉得彼此很合适，于 2016 年 9 月登记结婚。婚后，卢某和陶某一同到外地打工，二人的工资都交由陶某掌管，日常花销从其手中支出。2018 年 1 月，卢某的朋友华子找到陶某，要求其偿还卢某 2017 年向其借的 3 万元，并向陶某出示了卢某出具的借条。陶某表示自己对此并不知情，因此拒绝偿还该借款。而华子表示，该钱是卢某所欠，夫债妻还，陶某应当偿还。

法律疑点

陶某应该替丈夫偿还借款吗？

法律分析

陶某要替丈夫偿还借款。

根据我国《最高人民法院关于适用〈中华人民共和国婚姻法〉若干问题的解释（二）》第二十四条以及《婚姻法》第十九条第三款的规定，债权人就婚姻关系存续期间夫妻一方以个人名义所负债务主张权利的，应当按夫妻共同债务处理。但夫妻一方能够证明债权人与债务人明确约定为个人债务，或者夫妻对婚姻关系存续期间所得的财产约定归各自所有的，夫或妻一方对外所负的债务，第三人知道该约定的，以夫或妻一方所有的财产清偿。因此，一般情况下，夫妻一方在婚姻存续期间所负债务，按照夫妻共同债务处理。当然，法律中也规定了例外条款，如果夫妻一方在借款时，明确地表示以个人名义借款，对债务独自偿还，并且债权人也同意的，另一方就不负有偿还的义务；或者夫妻两人在结婚前就约定好，在婚姻存续期间，个人的债务个人偿付且该约定债权人知道，那么，一方的债务，另一方就不用承担。

法律规定“债权人就婚姻关系存续期间一方以个人名义所负债务主张权利的，应当按夫妻共同债务处理”，除非举债配偶一方能举证证明存在两种“例外情形”。这样，既能保护债权人的利益，也做到维护夫或妻一方的合法权益。

本案中，卢某与妻子陶某并未在婚前约定，在婚姻存续期间，个人的债务个人偿付，也不存在卢某在借款时，向债权人明确地表示以个人名义借款，对债务独自偿还，并且债权人也同意的情形。因此，按照法律规定，该债务应属夫妻共同债务，陶某应当对丈夫卢某的债务承担偿还责任。

条文链接

《中华人民共和国婚姻法》

第十九条第三款 夫妻对婚姻关系存续期间所得的财产约定归各自所有的，夫或妻一方对外所负的债务，第三人知道该约定的，以夫或妻一方所有的财产清偿。

《最高人民法院关于适用〈中华人民共和国婚姻法〉若干问题的解释（二）》

第二十四条 债权人就婚姻关系存续期间夫妻一方以个人名义所负债务主张权利的，应当按夫妻共同债务处理。但夫妻一方能够证明债权人与债务人明确约定为个人债务，或者能够证明属于婚姻法第十九条第三款规定情形的除外。

人生启示

婚姻关系中，经常出现一方借债的情况。需要注意的是，当夫妻在婚姻关系存续期间一方以个人名义举债时，一方面要维护交易安全，保护债权人利益，防止夫妻借离婚逃避共同债务；另一方面又要注重保护非举债配偶一方的利益，防止配偶他方恶意举债。

第三章

夫妻权利义务问题

23. 妻子患病，丈夫不闻不问，拒绝照顾，妻子应当怎么办？

家庭场景

韩某与林某于2005年底经人介绍相识，2007年2月23日登记结婚。二人均系再婚，婚后未生育子女，只有韩某婚前有一女。结婚后，林某细心照顾韩某以及韩某年迈的父母，一家的生活起居在林某的打理下井井有条。2016年8月，韩某退休，每月领取退休金8000元。2017年10月，林某常常感到头晕目眩，胸闷恶心。去医院诊断后，医生确诊林某患有恶性肿瘤，需要长期住院治疗。韩某得知林某患病后，将其送到医院，在缴纳前期的住院费离开后，就再未到医院照料过林某，也未再支付住院费及医疗费。林某因无钱治病最终被迫回家休养。回到家后，发现韩某已搬出，虚弱无助的林某要求韩某回来照顾自己却被韩某拒绝。

法律疑点

韩某拒绝照顾生病的林某，林某应当怎么办？

法律分析

韩某拒绝履行夫妻间的扶养义务，林某可以要求韩某给付扶养费。

根据我国《婚姻法》第二十条以及《刑法》第二百六十一条的规定，夫妻双方有相互扶养的义务。夫妻之间应当相互为对方提供经济上的供养和生活上的扶助，以此来维持日常的生活。夫妻之间的互相扶养既是权利又是义务，这种权利义务是平等的。也就是说，丈夫有扶养其妻子的义务，妻子也有扶养其丈夫的义务；反之，夫妻任何一方均有受领对方扶养的权利。一方不履行扶养义务时，需要扶养的一方有要求对方付给扶养费的权利。应当付给扶养费的一方拒绝付给的，需要扶养的一方可以通过诉讼途径获得扶养费。如果夫或妻一方患病或者没有独立生活能力，有扶养义务的配偶拒绝扶养，情节恶劣，构成遗弃罪的，还应当承担刑事责任。

法律规定夫妻之间应当相互扶养，将扶养确定为夫妻间的法定义务，这既是双方当事人从缔结婚姻开始就共生的义务，也是婚姻或家庭共同体得以维系和存在的基本保障，是婚姻关系的必然要求。

本案中，林某患重病需要住院治疗，丧失了劳动能力，没有了生活来源，有权要求丈夫韩某履行扶养义务。如果韩某有能力而坚持不履行对林某的扶养义务，则有可能构成遗弃罪并被追究刑事责任。

条文链接

《中华人民共和国婚姻法》

第二十条　夫妻有互相扶养的义务。

一方不履行扶养义务时，需要扶养的一方，有要求对方付给扶养费的权利。

《中华人民共和国刑法》

第二百六十一条 对于年老、年幼、患病或者其他没有独立生活能力的人，负有扶养义务而拒绝扶养，情节恶劣的，处五年以下有期徒刑、拘役或者管制。

人生启示

当前，离婚案件在我们日常生活中屡见不鲜，有关扶养纠纷的案件也很常见，表面上看起来是一些微不足道的小事，但实际上发生这类纠纷的实质是当事人法律知识的欠缺。扶养是夫妻之间的一方对其配偶负有提供生活供养责任的法律关系，对夫妻双方而言既是权利又是义务，任何一方都不得以放弃权利为由拒绝履行义务。当出现夫妻中一方拒绝扶养另一方的情况时，没有独立生活能力的一方一定要运用法律武器，索要扶养费，维护自身权益。

24. 丈夫能否强迫妻子在家做全职太太？

家庭场景

包某38岁，事业有成。由于与妻子价值观不同，包某离了婚。在一次朋友聚会上，包某结识了刚刚大学毕业参加工作的小檀，他被小檀的知性魅力所吸引。聚会过后，包某多次邀请小檀吃饭，表明自己的心意。小檀多次拒绝包某的示爱，但禁不住包某的软磨硬泡，最终答应了包某的追求。二人感情很稳定，很快就办理了结婚登记，并举行了婚礼。婚后，包某不满于小檀每天上班早出晚归，薪水还十分微薄，多次提出让小檀辞职，在家做全职太太，料理家务，安心备孕。但是小檀觉得自己刚大学毕业，有自己的职业规划和人生前景，因此拒绝辞职做全职太太。二人为此争吵不休。

法律疑点

包某能否强迫小檀在家做全职太太？

法律分析

每个人都有工作的权利和自由，包某不能强迫妻子辞职在家做全职太太。

根据我国《宪法》第四十二条以及《婚姻法》第十五条的规定，公民有劳动的权利，任何人都不得干涉。在婚姻关系中，夫妻双方都有参加生产、工作、学习和社会活动的自由，一方不得对他方加以干涉。夫妻之间是一种平等的关系，不是领导与被领导的关系，应该相互尊重彼此的意愿。

上述法律是对夫妻参加社会生产活动自由的规定，它属于夫妻人身自由权范畴。人身自由权是每个公民的基本权利。夫妻的人身自由权是与夫妻关系有关的人身自由权的内容，涉及参加生产、工作、学习和社会活动。由于我国传统男主外女主内的思想，这一法律规定实际上讲的是妇女参加社会活动、进行社会交往、从事社会职业的权利。妇女的这一权利，不仅取决于其在家庭中的地位，还主要取决于妇女在社会中的地位。上述规定体现了妇女在社会生活中享有和男子一样的权利，是社会文明和进步的表现。

在本案中，包某与小檀虽是夫妻关系，但是包某无权干涉小檀的劳动权，小檀想要婚后继续工作，包某应当尊重她的选择，而不能强迫她赋闲在家做全职太太。

条文链接

《中华人民共和国婚姻法》

第十五条　夫妻双方都有参加生产、工作、学习和社会活动的自由，一方不得对他方加以限制或干涉。

《中华人民共和国宪法》

第四十二条第一款　中华人民共和国公民有劳动的权利和义务。

人生启示

家庭责任由夫妻双方平等承担，不应由男方或女方单独承担全部家庭责任。因此，“全职太太”的选择应由女方自由意志决定，不能由男方强迫。同时，在这个竞争激烈的社会中，女方作出选择的时候应充分考虑各种可能性因素，以使自己在婚姻生活中不至于处于太被动的状态。

25. 未登记结婚而以夫妻名义共同生活，男方死后，女方是否有权以配偶名义继承其遗产？

家庭场景

蒋某与赵某是同村人，两人情投意合，但双方家长均不同意二人交往。2011 年，蒋某与赵某为了摆脱父母的约束，一同到某城市打工。在未办理结婚登记的情况下，二人在一起居住生活，并用二人打工的积蓄购买了一套房子，平时的生活用品由赵某用自己的工资购买，上下班用的车则是蒋某用个人工资购买的。平常两人也是以夫妻的名义参加活动，感情非常好，周围的邻居和朋友都以为他们已经结婚。2017 年 11 月，蒋某在熟睡中突发心脏病去世。蒋某死后，蒋某的父母找到赵某，要求其归还蒋某的房屋和车。但赵某表示，二人虽未进行婚姻登记，但已有夫妻之实，其有权以妻子的名义继承蒋某的车以及二人共同购买的房屋。

法律疑点

赵某有权以配偶名义继承蒋某的遗产吗？

法律分析

赵某与蒋某是同居关系，她无权以配偶身份继承其遗产，但可以向法院起诉解除同居关系，并要求对二人共同生活期间的财产进行分割。

根据《最高人民法院关于适用〈中华人民共和国婚姻法〉若干问题的解释（一）》第五条以及第六条的规定，未按婚姻法第八条规定办理结婚登记而以夫妻名义共同生活的男女，一方死亡，另一方以配偶身份主张享有继承权的，应当以1994年2月1日民政部《婚姻登记管理条例》的公布实施为界点区别对待，分为承认事实婚姻和视为同居关系两种情形。同居生活发生在1994年2月1日民政部《婚姻登记管理条例》公布实施以后的，人民法院应当告知其在案件受理前补办结婚登记；未补办结婚登记的，按解除同居关系处理。

上述规定是关于男女双方未办理结婚登记而以夫妻名义共同生活的，一方死亡，另一方以何身份主张继承权的规定，法律通过否认同居方以配偶名义享有另一方的继承权，来达到督促婚姻当事人及时办理婚姻登记，维护婚姻登记秩序的目的。同时，区别事实婚姻和同居关系的情形，既尊重了历史，又可以更好地保护当事人的家庭关系稳定。

在本案中，赵某与蒋某并未办理结婚登记而在一起生活，符合结婚的实质要件，但因这一事实发生在1994年之后，因此二人的关系应被视为同居关系，不具备合法有效婚姻当事人享有的继承权。因此，赵某无权以配偶的身份主张享有蒋某的遗产，只能向法院起诉解除同居关系，对其与蒋某共同生活期间的财产进行分割。

条文链接

《最高人民法院关于适用〈中华人民共和国婚姻法〉若干问题的解释（一）》

第五条 未按婚姻法第八条规定办理结婚登记而以夫妻名义共同生活的男女，起诉到人民法院要求离婚的，应当区别对待。

（一）1994年2月1日民政部《婚姻登记管理条例》公布实施以前，男女双方已经符合结婚实质要件的，按事实婚姻处理；

（二）1994年2月1日民政部《婚姻登记管理条例》公布实施以后，男女双方符合结婚实质要件的，人民法院应当告知其在案件受理前补办结婚登记；未补办结婚登记的，按解除同居关系处理。

第六条 未按婚姻法第八条规定办理结婚登记而以夫妻名义共同生活的男女，一方死亡，另一方以配偶身份主张享有继承权的，按照本解释第五条的原则处理。

人生启示

虽然人们的法律意识已逐渐增强，但随着社会的进步，人们的观念愈加开放，发达地区仍然存在很多未婚同居以及已婚者与未婚者同居的现象，农村落后地区更多的是以为只办酒席就意味着成为法律上的夫妻。但是，这仅仅是一种同居关系，并不是一种稳定的法律关系，一旦二人难以继续生活下去，财产分割将是一个很难处理的问题。因此，在此告诫广大青年，一定要及时办理结婚登记，这样才能明晰二人的法律关系。

26. 什么样的行为构成家庭暴力？

家庭场景

梁某24岁，初中辍学后便到某城市打工。2016年，梁某在某KTV做服务员期间认识了陆某。陆某是个将近40岁的生意人，经常带着朋友去梁某所在的KTV唱歌，对梁某很是照顾。自从二人相识后，陆某就开始主动追求年轻貌美的梁某，梁某一开始拒绝，但渐渐被陆某的成熟稳重所吸引，最终同意与其交往，并于2017年6月与陆某结婚。婚后，梁某渐渐发现陆某对其管得甚严，包括穿着打扮以及工作中的接触对象都要限制。有一次，梁某下班后，陆某以看到梁某与一名男顾客亲密交谈为由质问梁某，梁某不耐烦地表示没有什么，但陆某不相信，并对梁某拳打脚踢，将其打成重伤。之后，陆某多次以相似借口对梁某实施了殴打行为。

法律疑点

陆某对梁某的殴打行为是否属于家庭暴力？

法律分析

陆某的行为属于家庭暴力。

根据我国《反家庭暴力法》第二条的规定，家庭暴力是指家庭成员之间以殴打、捆绑、残害、限制人身自由以及经常性谩骂、恐吓等方式实施的身体、精神等侵害行为。家庭暴力会造成死亡、重伤、轻伤、身体疼痛或精神痛苦。家庭暴力具有以下几个特征：（一）实施家庭暴力的主体是家庭成员；（二）家庭暴力侵犯的客体是家庭成员的人身权利，具体指身体权、健康权、生命权和人身自由权等；（三）实施家庭暴力的行为人具有主观上的故意；（四）实施家庭暴力的行为人应承担相应的法律责任，可能是民事责任、行政责任或者刑事责任。

现实生活中，确实有不少家庭或多或少存在着家庭暴力现象，有的是殴打谩骂，有的是语言精神折磨，然而由于缺少立法保护，很多人都只能无声忍受。但是，国家出台《反家庭暴力法》，对家庭暴力作出了明确规定，有利于预防和制止家庭暴力，保护家庭成员的合法权益，维护家庭关系的和睦。

在本案中，丈夫陆某对妻子施以暴力，将妻子打成重伤，并且这种殴打行为是持续性的，属于家庭暴力，其行为已经构成犯罪。

条文链接

《中华人民共和国反家庭暴力法》

第二条　本法所称家庭暴力，是指家庭成员之间以殴打、捆绑、残害、限制人身自由以及经常性谩骂、恐吓等方式实施的身体、精神等侵害行为。

人生启示

家庭暴力直接作用于受害者身体，

会给受害者身体或精神带来摧残，损害其身体健康和人格尊严。受中国传统家庭观念影响，很多人还抱着男尊女卑的思想，错误地认为丈夫打老婆都是家务事，不违法，甚至受害者也觉得家暴是家丑，不可外扬，因此选择默默忍受。殊不知，这样只会助长施暴者的气焰，最终受害的还是本人。因此，家暴受害者一定要拿起法律武器捍卫自己的人身权益。

27. 丈夫多次打骂妻子，但均不构成轻伤，是否会受到法律制裁？

家庭场景

肖某和夏某是一对新婚夫妻，二人是经朋友介绍认识的。肖某在某事业单位任职，每天过着朝九晚五的日子，生活非常规律，思想也比较保守。妻子夏某在某房地产公司做楼宇销售，每天接触形形色色的人。一日，肖某去夏某公司接夏某回家，正好看到夏某在与一位男客户交流，举止很是亲密。肖某怀疑妻子和该客户有不正常的关系，回到家后便追问夏某。夏某否认与他人存在不正当关系，并指责肖某小心眼、疑心重。肖某怒气当头，将夏某推倒在地，并扇了夏某一耳光。事后，肖某向夏某道歉，取得了夏某原谅。但此后肖某还因为相同的原因，多次对夏某实施打骂，每次都是打骂完又用甜言蜜语取得夏某原谅。夏某遭到肖某多次殴打，已经心灰意懒，想要到派出所报案，但又担心肖某每次对自己的伤害都不足以构成轻伤，不知道公安机关会不会处理。

法律疑点

对于肖某殴打妻子夏某，情节较轻的行为，是否会受到法律的制裁？

法律分析

肖某的行为属于情节较轻的家庭暴力，不会受到公安机关的行政处罚，但公安机关会对他给予批评教育或者出具告诫书，肖某所在地的居民委员会派出所会对收到告诫书的肖某与夏某进行查访，监督肖某不再实施家庭暴力。

根据我国《反家庭暴力法》第十六条、第十七条的规定可知，家庭暴力情节较轻，依法不给予治安管理处罚的，由公安机关对加害人给予批评教育或者出具告诫书。告诫书应当包括加害人的身份信息、家庭暴力的事实陈述、禁止加害人实施家庭暴力等内容。公安机关应当将告诫书送交加害人、受害人，并通知居民委员会、村民委员会。居民委员会、村民委员会、公安派出所应当对收到告诫书的加害人、受害人进行查访，监督加害人不再实施家庭暴力。

法律规定情节较轻的家庭暴力不会受到行政和刑事处罚，但公安机关也并非听之任之，而是通过进行批评教育以及出具告诫书并由加害人所在地居委会派出所等进行监督，这可以更有效地化解情节尚轻的家庭暴力，防止其发生更大的伤害。很多时候，并不是所有的家庭暴力情节都非常严重，家庭暴力往往都是由轻到重，一步步发展起来的，法律对情节较轻的家庭暴力作出规定，有利于及时制止家庭暴力，维护家庭和谐稳定。

在本案中，肖某多次怀疑妻子夏某与他人存在不正当关系，因此对其进行了打骂，已经构成家庭暴力，但未造成夏某身体严重受损，因此该行为属于情节较轻的家庭暴力。此种情况下可以不给予肖某治安管理处罚，但是公安机关应该对肖某进行批评教育或者出具告诫书。如果公安机关向肖某出具告诫书，应当将告诫书送交肖某与夏某，并通知居民委员会、村民委员会，以便居民委员会、村民委员会能实时监督肖某不再实施家庭暴力。

条文链接

《中华人民共和国反家庭暴力法》

第十六条　家庭暴力情节较轻，依法不给予治安管理处罚的，由公安机关对加害人给予批评教育或者出具告诫书。

告诫书应当包括加害人的身份信息、家庭暴力的事实陈述、禁止加害人实施家庭暴力等内容。

第十七条　公安机关应当将告诫书送交加害人、受害人，并通知居民委员会、村民委员会。

居民委员会、村民委员会、公安派出所应当对收到告诫书的加害人、受害人进行查访，监督加害人不再实施家庭暴力。

人生启示

在传统文化观念中，丈夫打妻子被看成理所当然的事，但在今天的社会来看，丈夫打妻子并不是简单的“家务事”，而属于侵害人权的违法行为。女性是家庭暴力的主要受害者，暴力对女性的健康通常会造成性传播疾病、意外怀孕和流产、受伤、残疾等后果，精神上会抑郁、焦虑、恐惧，引发性功能障碍、饮食失调，最严重的后果则是导致自杀。一旦发生第一次家庭暴力，就很难停止，如果没有相应的干预，会越来越频繁，越来越严重。面对家庭暴力，我们一定要勇于说“不”，不管该暴力情节是轻是重，都应让施暴者受到法律的制裁。

28. 什么情况下可以申请人身安全保护令？申请人必须是本人吗？

家庭场景

彭某与高某在大学期间相识、恋爱，大学毕业后便结婚登记成为夫妻。二人在前几年的相处过程中和谐融洽，彼此都很关心对方。但是随着时间的流逝，尤其是孩子出生后，面对繁重的生活和工作压力，彭某开始变得性情暴躁，对孩子没有耐心，对待高某的态度也发生了转变，二人经常因为琐事争吵。一日，孩子因为没有站稳而摔倒受伤，彭某便呵斥妻子高某没有照看好孩子，还骂她无能。高某大声反驳并不是自己的过错，这就惹怒了彭某。彭某开始对高某拳打脚踢。此后，彭某又因种种问题多次打骂高某。高某考虑到孩子，没有与彭某离婚，但为了逃离彭某回到娘家居住。彭某威胁高某不准将家暴的事说出去。在娘家住了一段时间后，高某的父亲还是发现了高某遭受家暴的事情，便打算替女儿向法院申请人身安全保护令。

法律疑点

人身安全保护令的申请条件是怎样的？高某的父亲能否替女儿申请人身安全保护令？

法律分析

人身安全保护令是人民法院为了保护家庭暴力受害人及其子女和特定亲属的人身安全、确保婚姻案件诉讼程序的正常进行而作出的民事裁定，是一种民事强制措施。当事人在遭受家庭暴力或者面临家庭暴力的现实危险时，可以向人民法院申请人身安全保护令。高某父母可以替高某申请人身安全保护令。

根据我国《反家庭暴力法》第二十三条的规定，当事人因遭受家庭暴力或者面临家庭暴力的现实危险，向人民法院申请人身安全保护令的，人民法院应当受理。当事人是无民事行为能力人、限制民事行为能力人，或者因受到强制、威吓等原因无法申请人身安全保护令的，其近亲属、公安机关、妇女联合会、居民委员会、村民委员会、救助管理机构可以代为申请。

法律明确设立了人身安全保护令制度，相当于法院为保护家庭暴力受害人的人身安全，在加害人和受害人之间筑起一道隔离墙，将加害人阻拦在够不到受害人的地方。这不仅突破了我国“法不入家门”“清官难断家务事”的传统思想，还采用事前干预的手段，保护受害人权益不受侵害，防患于未然。

在本案中，高某遭受了来自丈夫彭某的家庭暴力，其为了自身安全，可以向法院申请人身安全保护令，但是由于丈夫威胁高某，导致高某客观上无法向法院请求维护自己的权益。在这种情况下，高某的父亲作为其近亲属，可以根据规定，代替高某向法院申请人身安全保护令。

条文链接

《中华人民共和国反家庭暴力法》

第二十三条 当事人因遭受家庭暴力或者面临家庭暴力的现实危险，向人民法院申请人身安全保护令的，人民法院应当受理。

当事人是无民事行为能力人、限制民事行为能力人，或者因受到强制、威吓等原因无法申请人身安全保护令的，其近亲属、公安机关、妇女联合会、居民委员会、村民委员会、救助管理机构可以代为申请。

人生启示

生活中，当面临或遇到家庭暴力的危险时，我们一定要学会运用法律武器保护自己。如果家庭暴力是发生在夫妻之间，受害人想在维系婚姻关系的前提下有效地保护自己，就可以向法院申请人身安全保护令。如果遭受家庭暴力的一方因被强制或者胁迫等原因不能亲自申请的，可以由他人代为申请。

29. 妻子受丈夫殴打，向法院申请人身安全保护令，一定会被受理吗？

家庭场景

武某和何某是同学，大学毕业以后二人来到同一家单位工作。虽然分属不同部门，但由于平时业务上的往来，接触较多，一来二往，二人互生情愫，在恋爱两年后便结婚成为夫妻。婚后，武某的父母想抱孙子，多次催促二人生孩子，但被何某以自己正处于事业上升期，没有时间和精力照顾孩子为由拒绝。武某和何某也沟通过此事，何某明确表示38岁之前不想考虑生孩子的事。为此，武某对妻子感到非常不满，并以此为由与妻子无休止地吵架，并多次在吵架时对何某进行推搡，不过每次程度都较轻，并未造成何某人身伤害。然而，何某觉得无法忍受武某的行为，为了保证自身安全，跑到法院口头申请人身安全保护令。

法律疑点

何某申请人身安全保护令，法院一定会受理吗？

法律分析

何某向法院申请人身安全保护令，法院并不会受理其申请。

根据我国《反家庭暴力法》第二十三条第一款、第二十四条以及第二十七条的规定，当事人在遭受家庭暴力时，确实可以申请人身安全保护令，但是需要满足一定的条件。实体上，作出人身安全保护令，应当具备下列条件：一是有明确的被申请人；二是有具体的请求；三是有遭受家庭暴力或者面临家庭暴力现实危险的情形。只有同时具备这三个条件时才可以作出人身安全保护令。程序上，申请人身安全保护令应当以书面方式提出；书面申请确有困难的，可以口头申请，由人民法院记入笔录。

法律对人身安全保护令申请的实质条件和程序要件作出规定，有利于更好地保护处于家庭暴力危害中的受害者。在某些情况下，当事人在申请人身安全保护令的时候并不能证明存在遭受家庭暴力的情形，此时，法院很难认定当事人是否真正受到了家庭暴力，基于此，就不会随意受理当事人的请求。只有满足我国《反家庭暴力法》第二十七条对于作出人身安全保护令应该具备的三个条件时，法院才会依法受理当事人对人身安全保护令的申请。

在本案中，实体上，武某在吵架中对何某的推搡行为并没有对何某造成人身伤害。因此，何某并没有遭受家庭暴力，也没有面临家庭暴力现实危险，不符合上述第三个条件。而程序上，何某口头申请的行为也是不符合法律规定的，依据我国《反家庭暴力法》第二十四条的规定，申请人身安全保护令应该以书面形式提出。

条文链接

《中华人民共和国反家庭暴力法》

第二十三条第一款 当事人因遭受家庭暴力或者面临家庭暴力的现实危险，向人民法院申请人身安全保护令的，人民法院应当受理。

第二十四条 申请人身安全保护令应当以书面方式提出；书面申请确有困难的，可以口头申请，由人民法院记入笔录。

第二十七条 作出人身安全保护令，应当具备下列条件：

（一）有明确的被申请人；

（二）有具体的请求；

（三）有遭受家庭暴力或者面临家庭暴力现实危险的情形。

人生启示

人身安全保护令是家庭暴力受害者的“护身符”，其赋予申请人寻求人身司法保护的权利，同时以法律强制力为后盾，限制施暴者的行为。但是人身安全保护令并不是只要申请，法院就都会受理，只有达到法定条件，并且符合法定程序要件才能得到法律的保护。在此有必要提醒广大家暴受害者，向法院申请人身安全保护令时一定要提前收集好证据。

30. 人身安全保护令会一直有效吗？

家庭场景

戴某28岁，事业有成，在当地经营着自己的商贸公司。在一次朋友聚会上，戴某与胡某结识，二人通过接触对彼此印象都不错，便确立了恋爱关系。第二年，二人登记结婚。婚后，二人的生活幸福美满，戴某对胡某很体贴，二人的事业也是蒸蒸日上。但是不久，戴某公司在运营过程中资金链出现问题，难以运营下去，公司出现很大的亏损，最终破产。生意场上的失败让戴某开始自甘堕落，整日闷在家里喝酒，胡某多次对其进行劝说却遭其殴打。胡某不堪忍受戴某的摧残，向法院申请了人身安全保护令。但她听说人身安全保护令是有期限的，担心到期限后自己会再次受到伤害。

法律疑点

人身安全保护令会一直有效吗？其有效期是多长？

法律分析

胡某的人身安全保护令并非一直都有效，而是有明确的有效期。

根据我国《反家庭暴力法》第三十条的规定，人身安全保护令的有效期不超过六个月，自作出之日起生效。人身安全保护令失效前，人民法院可以根据申请人的申请撤销、变更或者延长。

法律对人身安全保护令的有效期作出规定，主要是基于其作为一种诉讼保全措施，有利于保护诉讼程序的正常进行，保护受害人的人身安全，震慑施暴者。

在本案中，胡某受到丈夫戴某的家庭暴力后，向法院申请人身安全保护令，该保护令自法院作出时生效，六个月以后失效。如果胡某想继续利用人身安全保护令保护自己，可以向法院申请延长有效期。

条文链接

《中华人民共和国反家庭暴力法》

第三十条　人身安全保护令的有效期不超过六个月，自作出之日起生效。人身安全保护令失效前，人民法院可以根据申请人的申请撤销、变更或者延长。

人生启示

当今社会，家庭暴力现象仍然频发，已经有越来越多的受害者敢于拿起法律武器维护自身权益，人身安全保护令就是保护受害者的一个盾牌，其自作出之日起生效，生效以后即表明受害人从此就是人民法院依法明确保护的对象。如果被申请人违反保护令，法院则可以依法对其处以经济上的罚款，或者进行司法拘留，甚至追究刑事责任。人身安全保护令可谓家庭暴力受害者的一个护身符，但是这个护身符并不是可以保护受害人一辈子，而是有时间限制的，这就要求受害者要在该期限内根据施暴者的表现考虑清楚是要离婚还是继续婚姻。

第四章

离婚问题

31. 离婚协议签订后，离婚手续怎么办理？

家庭场景

周某和冯某是高中同学，上大学后两人在同学聚会上重逢并互生情愫，直到大三的时候确定了恋爱关系。大学毕业后，冯某跟随周某一起到南方工作。两年后，冯某和周某便在亲朋好友的见证下，举行了婚礼。婚后，二人生活也一直很幸福。但周某升职后，经常应酬到很晚才回家，孩子一直是冯某在照料。冯某多次提出让周某兼顾家庭，但总是以吵架收场，渐渐地两人之间的交流越来越少。后冯某向周某提出离婚，周某经过考虑同意离婚。两人经过协商房子归冯某所有，存款一人一半，孩子归冯某抚养，周某定期支付抚养费，随时可以探望孩子。协议签订后，周某和冯某不知道该如何办理离婚手续。

法律疑点

离婚协议签订后，离婚手续怎么办理？

法律分析

周某和冯某可以直接到婚姻登记机关申请离婚。

根据《婚姻法》第三十一条的规定，男女双方自愿离婚并就子女抚养及财产分割问题达成协议的，可以直接到婚姻登记机关申请离婚。由此可知，诉讼并不是离婚的必经途径。只要协商一致，双方带上本人的户口簿、身份证、本人的结婚证以及双方当事人共同签署的离婚协议书就可以申请离婚。男女双方的离婚申请经婚姻登记机关审查认为符合登记离婚条件，当场发给双方离婚证，注销结婚证。男女双方在取得离婚证后，夫妻关系彻底解除。

我国的离婚制度分为协议离婚和诉讼离婚两种。协议离婚也叫“双方自愿离婚”，是指婚姻关系当事人达成离婚合意并通过婚姻登记程序解除婚姻关系的法律制度。其主要特征，一是当事人双方在离婚以及子女和财产问题上意愿一致，达成协议；二是按照婚姻登记程序办理离婚登记，取得离婚证，即解除婚姻关系。协议离婚与诉讼离婚相比具备如下特点：（一）程序简易、便捷；（二）离婚协议易于当事人自觉遵守和履行；（三）避免了不必要的负担，缓解了婚姻当事人的仇视和敌对。

在上面案例中，周某和冯某自愿离婚，并且在子女和财产问题上达成协议，所以只要到婚姻登记机关申请离婚即可。婚姻登记机关审查认为符合登记离婚条件，当场即可发放离婚证，至此双方婚姻关系解除。

条文链接

《中华人民共和国婚姻法》

第三十一条　男女双方自愿离婚的，准予离婚。双方必须到婚姻登记机关申请离婚。婚姻登记机关查明双方确实是自愿并对子女和财产问题已有适当处理时，发给离婚证。

《婚姻登记条例》

第十三条 婚姻登记机关应当对离婚登记当事人出具的证件、证明材料进行审查并询问相关情况。对当事人确属自愿离婚，并已对子女抚养、财产、债务等问题达成一致处理意见的，应当当场予以登记，发给离婚证。

人生启示

在高速发展的时代，方方面面都讲究效率，越来越多的夫妻在解除婚姻关系时会选择简便易操作的协议离婚。协议离婚固然有其可取之处，但也为冲动之下离婚的夫妻提供了“方便之门”。所以我们不管是在离婚还是结婚时都一定要慎重决定，不要意气用事，这不仅是对自己负责，更是对别人负责。

32. 丈夫在妻子怀孕期间以两人性格不合为由提出离婚，符合法律规定吗？

家庭场景

金某和陈某在同一个工厂打工，经过一段时间接触后确定了恋爱关系。半年后，两人登记结婚并举行了婚礼。婚后，由于金某脾气不好，斤斤计较，经常和陈某因为一些琐事争吵，有时候还对陈某大打出手。金某认为自己婚姻不幸福都是陈某造成的，和陈某发生矛盾的次数越来越多，后来还有抑郁症倾向。慢慢地，金某对自己的行为越来越不能控制。有时候陈某下班回家晚了或者和朋友出去玩，金某都会问东问西，对陈某特别不信任。陈某不堪其扰将金某送回娘家，决定以性格不合为由向法院提出离婚。此时，金某已经怀孕两个月。金某认为陈某现在向她提出离婚是不符合法律规定的。

法律疑点

陈某在金某怀孕期间，以两人性格不合为由提出离婚，符合法律规定吗？

法律分析

陈某在金某怀孕期间，以两人性格不合为由提出离婚，不符合法律规定。

我国《婚姻法》第三十四条规定，在女方怀孕期间、分娩后一年以内以及中止妊娠后六个月以内，男方不得提出离婚。这是对保护妇女、儿童身心健康的特别规定，它在一定条件下限制了男方提出离婚的请求权。这条规定限制的主体是男方，而不是女方；限制的是男方在一定期限内的离婚起诉权，而不是否定和剥夺男方的离婚起诉权，只是推迟了男方提出离婚的时间，并不涉及准予离婚与不准予离婚的实体性问题。另外，这条规定限制的主体不包括女方，如果女方在此时提出离婚是不受限制的。

但是，男方在此期间没有离婚请求权并不是绝对的，法律还有例外规定，即人民法院认为“确有必要”的，也可以根据具体情况受理男方的离婚请求。所谓“确有必要”，一般是指比该条特别保护利益更为重要的利益需要关注的情形。根据司法解释和审判实践，主要指下述两种情况：（一）女方怀孕或分娩的婴儿是因与他人通奸所致；（二）在此期间双方确实存在不能继续共同生活的重大而急迫的事由，已对他方有危及生命、人身安全的可能。

本案中，陈某向法院提出离婚时，金某已经怀孕，陈某没有证据证明金某妊娠与其无关，法院会驳回陈某的诉讼请求。没有离婚之前，金某可以按照法律的规定起诉陈某要求陈某支付必要的生活费和开销。

条文链接

《中华人民共和国婚姻法》

第三十四条　女方在怀孕期间、分娩后一年内或中止妊娠后六个月内，男方不得提出离婚。女方提出离婚的，或人民法院认为确有必要受理男方离婚请求的，不在此限。

人生启示

两人建立家庭并拥有爱情结晶本是十分美好的事情，但是女人在怀孕期间，不仅要承受身体上的痛苦，有时还会面临感情上的危机。为此，我国法律在此特殊时期给予胎儿以及准妈妈最好的保护。这不仅是出于事实需要，也是社会道德伦理的要求。作为丈夫和父亲，男方在此时应该给予女方更多的关心和爱护。但是，如果女方在此期间已经无法忍受这段婚姻所带来的压力，可以提出离婚。可见，在这段特殊时期，女方始终是掌握婚姻的主动权的。

33. 如果婚姻是父母包办的，当事人可以要求离婚吗？

家庭场景

常某高中毕业后，因为家庭经济条件困难，主动向父母提出外出打工，供弟弟上学。常某和邻居一起到南方电子厂打工，每月只留基本的生活费，剩下的收入全部寄给父母。几年后，弟弟大学毕业，向父母提出自己需要在城里买房子结婚。买房需要一大笔钱，但常某一家人根本就没有那么多积蓄。就在这个时候，同村男青年张某提出，如果常某和自己结婚，他愿意出钱。虽然常某极其不愿意，但父母重男轻女思想严重，非要让女儿嫁给张某。就这样，常某在父母包办下与张某进行了婚姻登记。婚后，常某和张某的感情并没有什么进展，婚姻关系犹如一潭死水。常某无法忍受这样的生活，便外出打工，两人一年也就过年那几天生活在一起。慢慢地，常某产生了摆脱这段婚姻的念头，便向张某提出离婚，但张某强调两人的婚姻是父母包办的，不能离婚。

法律疑点

常某可以解除和张某的这段包办婚姻吗?

法律分析

常某可以解除和张某的婚姻，其可以和张某协议离婚，也可以向人民法院起诉离婚。

根据我国《婚姻法》第三条的规定，禁止包办、买卖婚姻和其他干涉婚姻自由的行为。禁止借婚姻索取财物。我国《最高人民法院关于贯彻执行民事政策法律若干问题的意见》第一条规定，父母或他人违背男女双方或一方意愿的强迫包办婚姻和以索取财物为目的，违反男女双方或一方意愿而强迫结合的买卖婚姻，一方要求离婚的，如果婚后双方没有建立起感情，应准予离婚。

包办婚姻，是指第三人违反婚姻自主的原则，包办强迫他人婚姻的行为。借婚姻索取财物，是指除买卖婚姻以外的其他以索取对方财物为结婚条件的违法行为。买卖婚姻则是指第三人为索取大量财物而强迫他人结婚。包办婚姻、买卖婚姻以及借婚姻索取财物的行为都违背了男女双方结合的真实意愿，违反了我国婚姻自由的原则，因而是我国法律所禁止的行为，该婚姻关系双方当事人可以依法解除。

本案中，常某的父母收取张某的钱财为儿子买房让常某和张某结婚，很显然，他们之间的婚姻是一种包办婚姻。常某和张某婚后也没有任何感情，因此她可以和张某协议离婚，也可以向人民法院起诉离婚。

条文链接

《中华人民共和国婚姻法》

第三条 禁止包办、买卖婚姻和其他干涉婚姻自由的行为。禁止借婚姻索取财物。

禁止重婚。禁止有配偶者与他人同居。禁止家庭暴力。禁止家庭成员间的虐待和遗弃。

《最高人民法院关于贯彻执行民事政策法律若干问题的意见》

（1）父母或他人违背男女双方或一方意愿的强迫包办婚姻和索取财物为目的，违反男女双方或一方意愿而强迫结合的买卖婚姻，一方要求离婚的，如果婚后双方没有建立起感情，应准予离婚；如果结婚多年，生有子女，夫妻间已建立了一定感情，应根据夫妻关系的现状和发展前途进行调解，调解无效的，可判决离婚或不准离婚。

人生启示

结婚不是过家家，两个没有任何感情的人被父母一味地包办、强行拉扯在一起，本身就是一种错误。婚姻应该以互爱为基础，是否结婚、与谁结婚是我们的基本权利，任何人无权干涉。

34. 非军人一方提出离婚的，必须经过军人一方的同意吗？

家庭场景

郭某高中毕业后，响应国家号召应征入伍。到部队后，在多次执行任务中郭某表现都非常突出，受到了领导的表扬。郭某的父母在为儿子感到自豪的同时，心中也为郭某的终身大事着急。原来郭某常年在部队，都30岁了还没有对象。后郭某在一次探亲中认识了汪某，经过了解，汪某觉得郭某为人正直，值得托付终身，就和郭某登记结婚。婚后，汪某才真切体会到军婚的不易，特别是汪某怀孕后，因为身边无人照顾不慎流产，这让汪某更加怀疑这段婚姻的意义。经过深思熟虑，汪某向法院提出离婚。郭某不同意，并表示两人的婚姻必须经过自己的同意才能结束。

法律疑点

现役军人的配偶提出离婚必须征得对方的同意吗？

法律分析

汪某要提出离婚，就应该得到军人一方郭某的同意。

我国《婚姻法》第三十三条明确规定，现役军人的配偶要求离婚，须得军人同意，但军人一方有重大过错的除外。所谓“现役军人”是指具有军籍的，正在人民解放军或者人民武装警察部队服役的男女军人。所谓“离婚必须得到军人同意”，仅适用于非军人一方向现役军人一方提出离婚的情况。如果双方都是现役军人，或者是现役军人一方向非军人一方提出离婚的，应当按照一般的离婚案件处理。

需要注意的是，军人一方有重大过错的除外。而所谓军人一方有重大过错，主要是指军人的过错对夫妻感情造成了严重伤害。对此，根据《最高人民法院关于适用〈中华人民共和国婚姻法〉若干问题的解释（一）》第二十三条规定可知，“军人一方有重大过错”是指：（一）重婚或有配偶者与他人同居的；（二）实施家庭暴力或虐待、遗弃家庭成员的；（三）有赌博、吸毒等恶习屡教不改的；（四）军人一方有其他重大过错。现役军人的配偶提出离婚，如果军人一方确有重大过错的，法院可以判决准予离婚，不必征得军人同意。如果系双方性格不合、非军人一方感情转移等原因提出离婚的，应征得军人同意。当军人一方不同意离婚时，应尽量调解和好或判决不准离婚。对夫妻感情确已破裂的，应通过军人所在部队团以上的政治机关，做好军人的思想工作后准予离婚。

本案中，汪某提出离婚的理由不足以让她和郭某解除婚姻关系，除非她有证据证明郭某有法律规定的重大过错，否则其提出离婚前必须征得郭某的同意。

条文链接

《中华人民共和国婚姻法》

第三十二条

……

有下列情形之一，调解无效的，应准予离婚：

（一）重婚或有配偶者与他人同居的；

（二）实施家庭暴力或虐待、遗弃家庭成员的；

（三）有赌博、吸毒等恶习屡教不改的；

……

第三十三条 现役军人的配偶要求离婚，须得军人同意，但军人一方有重大过错的除外。

《最高人民法院关于适用〈中华人民共和国婚姻法〉若干问题的解释（一）》

第二十三条 婚姻法第三十三条所称的“军人一方有重大过错”，可以依据婚姻法第三十二条第三款前三项规定及军人有其他重大过错导致夫妻感情破裂的情形予以判断。

人生启示

军人，作为我们最可爱的人，我国法律为了确保其家庭稳定，进而保证国家的安全，对他们进行了特殊的倾向保护性规定。这些规定对我们国家的安定繁荣也起到了不小的作用。例如，对于军人配偶离婚请求的限制，目的并不是要限制军人配偶一方的离婚自由，只是限于这些人的地位特殊，法律进行的特别安排。我们作为军人一方的配偶或者亲人，应当给予军人更多的尊重和理解。

35. 妻子擅自终止妊娠，丈夫可以侵犯生育权为由提出离婚吗？

家庭场景

董某和胡某是大学恋人，毕业后都进入外企工作。工作稳定后，两人登记结婚。婚后，董某和胡某因为都处于事业的上升期，就商议暂时不要小孩。半年后，胡某检查出怀孕，两人虽然觉得不是好时机，但还是决定把孩子生下来。自从胡某怀孕后，情绪特别不稳定，经常因为一些小事和董某吵得不可开交。一次，胡某因将来小孩的取名和教育问题与丈夫发生了激烈争执。事后，她觉得自己放弃事业的发展生孩子换来的不是董某的体贴，就到医院擅自做了人流手术。董某在得知妻子隐瞒他把孩子打掉后，十分生气，就和胡某大吵一架。无论亲属如何劝阻，两人都无法和好。董某认为胡某侵害了自己的生育权，以此为由向法院提出离婚。

法律疑点

妻子胡某擅自终止妊娠，丈夫董某可以侵犯生育权为由提出离婚吗？

法律分析

董某和胡某因生育权产生纠纷致使夫妻感情破裂的，可以离婚。

男女双方均享有生育权，但生育权首先是一种选择权，既可以生也可以不生，但不能强求，这应是夫妻双方就生育问题达成一致。但是，由于男女生理原因的不同，法律对女性的生育权给予了特殊保护。例如，《妇女权益保障法》第五十一条第一款规定，妇女有按照国家有关规定生育子女的权利，也有不生育的自由。从这一规定可以看出，女方的生育权优先得到保护，生育不是婚姻的必然结果。《最高人民法院关于适用〈中华人民共和国婚姻法〉若干问题的解释（三）》第九条规定，夫以妻擅自中止妊娠侵犯其生育权为由请求损害赔偿的，人民法院不予支持；夫妻双方因是否生育发生纠纷，致使感情确已破裂，一方请求离婚的，人民法院经调解无效，可以准予离婚。

在当今的婚姻中，夫妻双方为是否生育子女而常有分歧。常见的情况是，夫妻双方在生育方面意见相左，不可调和。如果双方因此发生重大分歧导致感情破裂，一方请求离婚的，法院会根据《婚姻法》第三十二条第三款第五项的规定，认定这是“其他导致夫妻感情破裂的情形”，并因此判决离婚。

本案中，胡某终止妊娠其实是对自身权利的一种处分。如果双方因为生育权纠纷，导致感情破裂而请求离婚的，依据《最高人民法院关于适用〈中华人民共和国婚姻法〉若干问题的解释（三）》第九条以及《婚姻法》第三十二条的规定，法院可以判决离婚。

条文链接

《最高人民法院关于适用〈中华人民共和国婚姻法〉若干问题的解释（三）》

第九条　夫以妻擅自中止妊娠侵犯其生育权为由请求损害赔偿的，人民法院不予支持；夫妻双方因是否生育发生纠纷，致使感情确已破裂，一方请求离婚的，人民法院经调解无效，应依照婚姻法第三十二条第三款第（五）项的规定处理。

《中华人民共和国婚姻法》

第三十二条

……

有下列情形之一，调解无效的，应准予离婚：

……

（五）其他导致夫妻感情破裂的情形。

……

人生启示

我国法律关于因生育权产生纠纷导致夫妻感情破裂的可以离婚的规定，是对夫妻双方生育权的保障。法律规定每个人有选择生孩子和不生孩子的权利，但是我们也不能以此为由强迫另一方配合自己生育或不生育。为公平起见，双方在生育权上意见不同时，可以通过离婚维护自己的生育权，这是对双方权利的平等保护，也是对生育权的一种间接救济。

36. 夫妻双方离婚时，男方把公司股份转让给女方后，女方便成为该公司的股东吗?

家庭场景

郭某和侯某两人因为勤工俭学相识于大学校园，经济拮据使得他们惺惺相惜，很快就确定了恋爱关系。大学毕业后，郭某和侯某没有举行仪式就登记结婚了。婚后，侯某开始自主创业，郭某表示支持，并四处调研，帮助侯某打开市场。两年后，侯某和朋友黄某、梁某合作创办了公司，但是由于创业无暇顾及妻子，他和郭某的婚姻也走到了尽头。于是，二人选择和平分手，直接到民政局办理了离婚手续。离婚时，侯某十分感激郭某在自己创业期间的支持，便把自己在公司一半的股权转让给郭某。郭某认为自己现在已经成为公司的股东，便开始干涉公司的事务。黄某和梁某则认为郭某此时还不是公司的股东。

法律疑点

郭某取得侯某转让的公司股份后便可以成为该公司的股东吗?

法律分析

郭某想成为公司的股东还需要经过原有股东的同意。

根据《最高人民法院关于适用〈中华人民共和国婚姻法〉若干问题的解释（二）》第十六条的规定，夫妻双方离婚时，一方把公司股份转让给另一方后，其能否成为公司股东按以下情形分别处理：一是过半数股东同意、其他股东明确表示放弃优先购买权的，该股东的配偶可以成为该公司股东。二是过半数股东不同意转让，但愿意以同等价格购买该出资额的，该股东的配偶不可以成为该公司股东；过半数股东不同意转让，也不愿意以同等价格购买该出资额的，视为其同意转让，该股东的配偶可以成为该公司股东。

夫妻双方离婚时，一方是有限公司股东的，对于该方名义下的属于夫妻共同财产的出资额应当采取下列方式分割：第一，可以协商，既可以转让股权，也可以支付金钱。第二，在夫妻双方协商一致转让股权时，如果过半数股东不同意转让，但愿意以同等价格购买该出资额的，夫妻双方可以对转让出资所得财产进行分割；而如果过半数股东不同意转让，也不愿意以同等价格购买该出资额的，或者该公司的过半数股东同意，又或者其他股东明确表示放弃优先购买权的视为其同意转让，该股东的配偶可以成为该公司股东。

本案中，郭某与侯某离婚时，侯某将一部分出资额转让给郭某，过半数股东同意转让或者不同意转让但又不以同等价格购买股权的，郭某可以成为公司股东；过半数股东不同意转让但愿意以同等价格购买的，则郭某不能成为公司的股东。

条文链接

《最高人民法院关于适用〈中华人民共和国婚姻法〉若干问题的解释（二）》

第十六条　人民法院审理离婚案件，涉及分割夫妻共同财产中以一方名义在有限责任公司的出资额，另一方不是该公司股东的，按以下情形分别处理：

（一）夫妻双方协商一致将出资额部分或者全部转让给该股东的配偶，过半数股东同意、其他股东明确表示放弃优先购买权的，该股东的配偶可以成为该公司股东；

（二）夫妻双方就出资额转让份额和转让价格等事项协商一致后，过半数股东不同意转让，但愿意以同等价格购买该出资额的，人民法院可以对转让出资所得财产进行分割。过半数股东不同意转让，也不愿意以同等价格购买该出资额的，视为其同意转让，该股东的配偶可以成为该公司股东。

用于证明前款规定的过半数股东同意的证据，可以是股东会决议，也可以是当事人通过其他合法途径取得的股东的书面声明材料。

人生启示

夫妻双方离婚，对夫妻共同财产中股权问题进行分割时，必然会影响到公司的运营和其他股东的权益。所以，尽管公司的股权转让可以随意进行，但股东的变换必须征求所有股东的意见。

37. 均有过错的夫妻，可以在离婚时互相要求损害赔偿吗？

家庭场景

刘某高中因为沉迷于网络，无心学习而辍学。17岁的时候，刘某和邻居一块到北京打工。刘某在北京不但没有挣到钱，反而沾染上赌博的恶习。因为沉迷于赌博，刘某在外打了十几年工也没有攒下一分钱，婚事也一直没有着落。35岁那年，刘某通过相亲认识了冯某，两人谈了一段时间恋爱便进行了结婚登记。结婚时，刘某向妻子保证不再赌博。但是，刘某只坚持了三个月便重回赌桌。刘某在外面输了钱，回到家中就对冯某拳打脚踢，多次把冯某打到住院。冯某不堪忍受刘某的折磨就外出打工了。冯某在外打工期间认识了肖某，两人以夫妻名义共同生活。刘某得知后，便到法院起诉离婚并要求冯某给予自己离婚损害赔偿。冯某也要求刘某对自己进行损害赔偿。

法律疑点

刘某和冯某均有过错，离婚时可以互相要求损害赔偿吗？

法律分析

刘某和冯某均有过错，离婚时不可以互相要求损害赔偿。

根据《最高人民法院关于适用〈中华人民共和国婚姻法〉若干问题的解

释（三）》第十七条的规定，夫妻双方均有婚姻法第四十六条规定的过错情形，一方或者双方向对方提出离婚损害赔偿请求的，人民法院不予支持。也就是说，当夫妻双方均有《婚姻法》第四十六条规定的四项情形之一的，双方都不属于“无过错方”，故不能提起损害赔偿的请求。

婚姻法中的“过错”不单指行为人主观状态上的过错，还意味着行为人违反了法律确定的夫妻双方的义务，这些义务通过《婚姻法》第四十六条已明确规定。因此，在适用离婚损害赔偿时，只需证明行为人有现行《婚姻法》第四十六条所列情形之一就足以认定违法行为人存在过错。《最高人民法院关于适用〈中华人民共和国婚姻法〉若干问题的解释（三）》第十七条明确规定依据《婚姻法》第四十六条规定，双方均有过错，离婚时的损害赔偿请求不予支持。这就要求提出离婚损害赔偿的当事人必须是无过错的，如果本人有过错，就丧失了请求对方承担损害赔偿责任的权利。

本案中，冯某在外与人以夫妻名义同居行为属于重婚，此时刘某是“无过错方”，根据《婚姻法》第四十六条的规定可以提起离婚损害赔偿的请求；但是，刘某对冯某实施家暴，多次打到住院，属于对妻子刘某实施了家庭暴力，他又是“过错方”。也就是说，双方不存在“无过错方”。因此，根据法律规定，双方离婚损害赔偿的请求得不到法院的支持。

条文链接

《最高人民法院关于适用〈中华人民共和国婚姻法〉若干问题的解释（三）》

第十七条　夫妻双方均有婚姻法第四十六条规定的过错情形，一方或者双方向对方提出离婚损害赔偿请求的，人民法院不予支持。

《中华人民共和国婚姻法》

第四十六条　有下列情形之一，导致离婚的，无过错方有权请求损害赔偿：

（一）重婚的；

（二）有配偶者与他人同居的；

（三）实施家庭暴力的；

（四）虐待、遗弃家庭成员的。

人生启示

为了保障离婚时无过错一方的合法权益，我国制定了离婚损害赔偿制度。离婚损害赔偿制度是有关离婚救济制度的一项规定，是对在夫妻关系中受到伤害一方的一种救济和补偿。如果双方都有过错，则该制度设立的初衷也就不存在了，再进行赔偿也就没有意义了。

38. 婚姻关系中无过错一方，可以在协议离婚后提出损害赔偿请求吗？

家庭场景

陈某毕业后，和大学时的恋人前往

北京打拼。三年后，陈某和男友分手，回到老家所在的县城，并考取了当地的公务员。工作稳定后，陈某经人介绍认识了胡某。两人经过三个月的了解便登记结婚。婚后，胡某时常疑神疑鬼，怀疑陈某和前男友还有来往，并借一些琐事对陈某大打出手，好几次还把陈某打伤住进医院。后陈某提出与胡某离婚，双方达成离婚协议，并到婚姻登记机关办理了离婚手续。三个月后，陈某以在婚姻关系存续期间，胡某对其实施家庭暴力，使其身体遭受伤害与精神遭受巨大痛苦为由，向法院起诉，要求胡某赔偿精神损害抚慰金。胡某认为协议离婚后，自己不应该再对陈某进行赔偿。

法律疑点

协议离婚后，无过错方还可以提出损害赔偿请求吗?

法律分析

陈某可以向法院起诉，要求胡某给付损害赔偿。尽管胡某与陈某协议离婚，但是这并不会成为陈某维护自己合法权益的障碍。

《最高人民法院关于适用〈中华人民共和国婚姻法〉若干问题的解释（二）》第二十七条规定，当事人在婚姻登记机关办理离婚登记手续后，以婚姻法第四十六条规定为由向人民法院提出损害赔偿请求的，人民法院应当受理。但当事人在协议离婚时已经明确表示放弃该项请求，或者在办理离婚登记手续一年后提出的，不予支持。由此可知，为了保护婚姻生活中的无过错方，我国相关法律特别作出规定，即使采用协议离婚的方式结束婚姻关系的，无过错一方仍然有权要求损害赔偿。

法律对协议离婚后又提起损害赔偿诉讼请求作出具体规定：第一，当事人在婚姻登记机关办理离婚手续后，仍有权利提出损害赔偿请求；第二，需要注意的是，如果当事人在协议离婚时明确表示放弃损害赔偿请求权的，或者在办理离婚手续一年以后提出损害赔偿请求的，人民法院不予支持。这一规定既保护了婚姻关系中无过错方的损害赔偿权，又对其作出一定的限制，避免双方离婚后继续纠缠不清。

综上可知，当陈某在协议离婚后向人民法院提起离婚损害赔偿诉讼时，应当是其协议离婚时未表示放弃这一权利，必须在与胡某办理离婚登记手续一年内提出，否则将得不到人民法院的支持。本案中，陈某在离婚协议中没有明确放弃精神损害请求权并且三个月后便提起离婚损害赔偿诉讼，应当得到人民法院的支持。

条文链接

《最高人民法院关于适用〈中华人民共和国婚姻法〉若干问题的解释（二）》

第二十七条　当事人在婚姻登记机关办理离婚登记手续后，以婚姻法第四十六条规定为由向人民法院提出损害赔偿请求的，人民法院应当受理。但当事人在协议离婚时已经明确表示放弃该项请求，或者在办理离婚登记手续一年后提出的，不予支持。

人生启示

现今社会，因为各种理由离婚的越来越多，而其中有的双方都有过错，有的单方遭到伤害。无过错方在离婚后，难免会郁郁寡欢，感觉遭到莫大的精神伤害。此时，法律在一定程度上给予他们一些救济途径，让他们可以得到一定的物质补偿，对其自身的发展和社会稳定都是有好处的。

第五章

离婚时子女抚养问题

39. 夫妻离婚后，子女的抚养问题应如何解决？

家庭场景

周某高中毕业后当了一名出租车司机，23岁时经人介绍与杨某认识。经过一段时间的接触，两人便办理并举行了婚礼结婚登记。婚后三个月，杨某怀孕了，便辞职在家养胎，而周某则继续开出租。儿子出生后，生活开销陡然增加，周某经常喝酒，酒后对杨某进行打骂。而且，周某高兴时给杨某一些钱补贴家用，不高兴时三五个月也不给一分钱。周某对孩子也是不闻不问，感情比较冷淡。杨某为了生活只好重新工作，不论工作再忙都悉心照料孩子。三年后，杨某向周某提出离婚，周某表示同意，但两人在孩子抚养问题上僵持不下。为此，杨某向法院提起诉讼，要求法院判决孩子的抚养权归自己。

法律疑点

周某和杨某离婚后，子女的抚养权归谁？

法律分析

根据本案情形，本着有利于孩子身心健康的原则，杨某可获得孩子的抚养权。

根据我国《婚姻法》第三十六条的规定，父母与子女间的关系，不因父母离婚而消除。离婚后，子女无论由父或母直接抚养，仍是父母双方的子女。离婚后，父母对于子女仍有抚养和教育的权利和义务。离婚后，哺乳期内的子女，以随哺乳的母亲抚养为原则。哺乳期后的子女，如双方因抚养问题发生争执不能达成协议时，由人民法院根据子女的权益和双方的具体情况判决。由此可知，离婚只是父母婚姻关系的解除，只涉及夫妻双方基于婚姻而存在的人身关系和财产关系归于消灭，父母与子女之间存有的血亲关系不因父母离婚而消除，子女的合法利益也不因父母离婚而受到损害，只是对子女的抚养方式发生变化，即由父母双方共同抚养子女变成由父或母一方直接抚养。

父母离婚后，对于子女的抚养权问题，可以根据父母双方或子女的实际情况的变化，依法予以变更。抚养归属的变更有两种形式：一是双方协议变更，二是一方诉讼要求变更。无论采取哪种方式变更抚养权，都必须遵循一个宗旨，那就是有利于子女身心健康和保障子女合法权益。

本案中，孩子出生后一直是杨某在照顾，周某和孩子接触不多，为了有利于孩子的身心健康，孩子由杨某抚养更妥当。

条文链接

《中华人民共和国婚姻法》

第三十六条　父母与子女间的关系，不因父母离婚而消除。离婚后，子女无论由父或母直接抚养，仍是父母双方的子女。

离婚后，父母对于子女仍有抚养和教育的权利和义务。

离婚后，哺乳期内的子女，以随哺乳的母亲抚养为原则。哺乳期后的子女，如双方因抚养问题发生争执不能达成协议时，由人民法院根据子女的权益和双方的具体情况判决。

人生启示

抚养权是父母对子女的一项人身权利。在现实生活中，各种原因的出现与发生，导致父母对子女的抚养权得不到很好的保障。夫妻离婚后，一方会失去孩子的直接抚养权，这就意味着其失去与子女共同生活的权利。但两人离婚后，没有获得孩子抚养权的一方，对子女的权利和义务不会改变，仍可以探望子女，与孩子进行相对短暂的相处。

40. 约定轮流抚养孩子的离婚协议符合法律规定吗？

家庭场景

李某和范某在大学期间相恋，大学毕业后两人办理了结婚登记并举行了婚礼。婚后，李某希望范某以家庭为重，立即生孩子，而范某则认为自己也需要发展事业，打算两年以后再考虑生育的问题。一年后，李某和范某出现了感情问题，范某为了修补两人之间的裂痕，生了一个女儿。李某和范某以为有了子女会增加夫妻感情，事实上两人的关系不但没有得到改善，反而因为子女的抚养、教育问题加深了矛盾。三年后，范某向李某提出离婚，要求女儿归自己抚养。李某认为自己也具备抚养孩子的条件，极力争取孩子的抚养权。最终范某提出由两人轮流抚养孩子，并签订了离婚协议。

法律疑点

范某与李某约定轮流抚养孩子的做法符合法律规定吗？

法律分析

只要有利于保护子女利益，范某可以和李某协议轮流抚养子女，离婚协议内容有效。

根据我国《婚姻法》第三十一条的规定，男女双方自愿离婚的，准予离婚。双方必须到婚姻登记机关申请离婚。婚姻登记机关查明双方确实是自愿并对子女和财产问题已有适当处理时，发给离婚证。由此可知，夫妻双方只要适当安排了子女的抚养问题和财产问题，就应准予离婚。子女问题的适当处理，是指在有利于保护子女合法权益的原则下，对子女抚养、教育、探望等问题，包括子女由哪一方直接抚养，子女的抚养费和教育费如何负担、如何给付等作了合理的、妥当的安排。因而只要有利于保护子女利益，能使子女的身心健康成长，法律并不禁止离婚父母协商轮流抚养子女。《最高人民法院关于人民法院审理离婚案件处理子女抚养问题的若干具体意见》第六条对此也作了明确规定，即“在有利于保护子女利益的前提下，父母双方协议轮流抚养子女的，可予准许”。这就是说，只要父母双方在离婚的时候协商一致，且这样做有利于维护子女的利益，子女可以由双方轮流抚养。

一方直接抚养，既可以由双方当事人约定，也可以由法院判决确定。而轮流抚养区别于一方直接抚养，目前仅允许双方协商确定。这是因为轮流抚养比一方抚养复杂，需要双方当事人相互协调、配合。轮流抚养的行使必须按照双方约定的方式进行，除此之外的抚养行为都不受法律保护。但是不管是一方抚养还是轮流抚养，都必须以子女最佳利益为原则。

本案中，李某和范某均有独立抚养孩子的条件，双方协议二人轮流抚养孩子的做法，在有利于维护子女利益的情况下，是被法律许可的。

条文链接

《中华人民共和国婚姻法》

第三十一条　男女双方自愿离婚的，准予离婚。双方必须到婚姻登记机关申请离婚。婚姻登记机关查明双方确实是自愿并对子女和财产问题已有适当处理时，发给离婚证。

《最高人民法院关于人民法院审理离婚案件处理子女抚养问题的若干具体意见》

6. 在有利于保护子女利益的前提下，父母双方协议轮流抚养子女的，可予准许。

人生启示

在现实生活中，离婚是越来越普遍的现象，离婚时有子女的，会对子女造成一定的伤害。由父母双方轮流抚养子女，一方面，使子女不因父母离婚而失去父母的共同关怀爱护，还能够减少因父母离婚在子女心灵上投下的阴影；另一方面，可以使不与子女共同生活的父母一方在感情上得到慰藉，可以缓和双方当事人的对立情绪，融洽双方的关系，共同做好对孩子的抚养教育。

41. 孩子的抚养权，在夫妻双方离婚后，还能变更吗？

家庭场景

高某和董某是夫妻，婚后两人发现彼此性格不合，经常说不了两句话就吵了起来。家人无论怎么调停，两人之间的关系都没有改善，本以为有了儿子会好转，谁知道两人之间反而更加冷漠，最终以离婚收场。离婚时，董某虽然很希望儿子能跟随自己生活，但是自己一直是家庭妇女，没有工作，也没有经济来源，便放弃了儿子的抚养权，只是定期去探望孩子。两年后，高某染上酗酒的恶习，喝完酒经常打骂孩子，严重影响了孩子的身心健康。每次探望时，高某当着董某的面，对孩子的态度也从不收敛。而此时，董某已经找到一份工作，收入非常稳定，经济、居住环境得到很大改善，完全有能力独立抚养孩子。董某便向法院申请变更孩子的抚养权。

法律疑点

法院会支持董某变更孩子的抚养权吗？

法律分析

董某可以到法院申请变更孩子的抚养权，法院也会支持董某的请求。

《最高人民法院关于人民法院审理离婚案件处理子女抚养问题的若干具体意见》第十六条规定，一方要求变更子女抚养关系有下列情形之一的，应予支持：（1）与子女共同生活的一方因患严重疾病或因伤残无力继续抚养子女的；（2）与子女共同生活的一方不尽抚养义务或有虐待子女行为，或其与子女共同生活对子女身心健康确有不利影响的；（3）10周岁以上未成年子女，愿随另一方生活，该方又有抚养能力的；（4）有其他正当理由需要变更的。第十七条规定父母双方协议变更子女抚养关系的，应予准许。由此可知，夫妻双方离婚后，孩子的抚养权是可以变更的。

离婚后，在孩子抚养权变更问题上，我们一般存在两个极端，一种是认为孩子的抚养权在离婚时已经确定，不可更改；另一种是只要自己条件符合，不管对方是否存在不利于孩子健康成长的情形，都可以要求变更抚养权。《最高人民法院关于人民法院审理离婚案件处理子女抚养问题的若干具体意见》第十六条和第十七条的规定为我们离婚后孩子抚养权的变更问题作出具体说明，离婚后，可以变更孩子的扶养权，但应符合下列情形之一：一是对方不再适宜继续抚养孩子；二是10周岁以上未成年子女，愿随另一方生活，该方又有抚养能力的；三是双方协议变更抚养关系的。

本案中，高某经常酗酒，对孩子的身心健康造成严重影响。而董某此时又有抚养能力，符合我国法律规定关于变更抚养权的条件，所以法院会支持董某的请求，变更孩子的抚养权。

条文链接

《最高人民法院关于人民法院审理离婚案件处理子女抚养问题的若干具体意见》

15. 离婚后，一方要求变更子女抚养关系的，或者子女要求增加抚育费的，应另行起诉。

16. 一方要求变更子女抚养关系有下列情形之一的，应予支持。

（1）与子女共同生活的一方因患严重疾病或因伤残无力继续抚养子女的；

（2）与子女共同生活的一方不尽抚养义务或有虐待子女行为，或其与子女共同生活对子女身心健康确有不利影响的；

（3）十周岁以上未成年子女，愿随另一方生活，该方又有抚养能力的；

（4）有其他正当理由需要变更的。

第十七条 父母双方协议变更子女

抚养关系的，应予准许。

人生启示

夫妻离婚时，必须对孩子的抚养问题做适当安排，子女抚养权的确定可以协商，也可由法院判决。但随着时间的推移，父母的生活环境、经济状况等都会有所改变，从而可能重新引发直接抚养子女的争议。根据我国《婚姻法》的精神，保护子女利益是其基本原则，因而子女抚养权的归属和变更都应该围绕这一基本原则，只要是对子女成长有利的，就可以变更子女的抚养权。

42. 夫妻离婚后，法院如何确定不直接抚养孩子一方的抚育费数额？

家庭场景

夏某和肖某经人介绍认识，相恋8个月后结婚。婚后，两个人感情很好，肖某相继生了两个女儿。在二女儿3岁时，肖某和夏某的母亲因为一些小事发生了口角，两人吵得不可开交，无论夏某怎么劝阻都没有用。为此，肖某和邻居一起外出打工，夏某则在家照顾孩子。半年后，夏某得知妻子生病前去照顾，发现肖某是因为宫外孕做手术，并且发现肖某在外与别人以夫妻名义共同生活。夏某十分生气，向肖某提出离婚。夏某提出两个女儿归其抚养，但是肖某必须支付抚养费。肖某认为夏某提出的抚养费金额过高，自己没有能力支付。双方为此僵持不下，起诉到法院。

法律疑点

法院应该如何确定肖某支付给女儿的抚养费数额？

法律分析

子女抚养费的具体数额由父母的具体收入和子女的实际需求决定，比较灵活。

抚养费是父母或其他对未成年人负有抚养义务的人，为未成年人承担的生活、教育等费用。《最高人民法院关于人民法院审理离婚案件处理子女抚养问题的若干具体意见》第七条明确规定：“子女抚育费的数额，可根据子女的实际需要、父母双方的负担能力和当地的实际生活水平确定。有固定收入的，抚育费一般可按其月总收入的20%至30%的比例给付。负担两个以上子女抚育费的，比例可适当提高，但一般不得超过月总收入的50%。无固定收入的，抚育费的数额可依据当年总收入或同行业平均收入，参照上述比例确定。有特殊情况的，可适当提高或降低上述比例。”由此可见，关于子女抚育费用的具体数额，法律规定得比较灵活，针对不同的情况适用不同的标准：父母有固定收入的和没有固定收入的适用不同的标准；如果有特殊情况发生的，抚育费的数额还可以提高或者降低。

不直接抚养子女的父或母，应当负担子女的生活费和教育费，直至子女能独立生活为止。根据法律规定可知，子女抚育费数额的确定比较灵活。一般由父母双方参照子女的实际需要、本身的负担能力及当地的经济水平协议确定。不能达成协议的，由法院依据上述规定的原则判决。抚育费的数额确定后，给付方法也很灵活，可一次性给付，也可分期支付。对一方不履行给付义务的，可申请人民法院强制执行。

本案中，法院可根据肖某的实际情况依法律规定的原则，确定其支付的抚育费的数额。

条文链接

《最高人民法院关于人民法院审理离婚案件处理子女抚养问题的若干具体意见》

7. 子女抚育费的数额，可根据子女的实际需要、父母双方的负担能力和当地的实际生活水平确定。

有固定收入的，抚育费一般可按其月总收入的 20% 至 30% 的比例给付。负担两个以上子女抚育费的，比例可适当提高，但一般不得超过月总收入的 50%。

无固定收入的，抚育费的数额可依据当年总收入或同行业平均收入，参照上述比例确定。

有特殊情况的，可适当提高或降低上述比例。

人生启示

子女抚育费数额的确定，一般考虑三个因素：一是子女实际需求，二是父母实际能力，三是当地生活水平。子女抚育费确定后，不妨碍子女在必要时向父母任何一方提出超过协议或判决原定数额的合理要求。在抚育费支付的问题上，许多当事人要求对方一次性支付抚养费。但是否采取这种支付方法，还需要看不直接抚养孩子一方的态度和能力。

43. 子女生病后，现有抚养费无法满足现实需要时，可以要求父亲增加抚养费吗？

家庭场景

苗某的父母在其年幼时便离婚了，苗某一直和母亲生活在一起，父亲不仅按时支付抚养费，还定期来探望苗某。因此，父母虽然离婚了，但是对苗某的伤害并不大。然而，苗某的父亲再婚后，只是每月支付抚养费，不再来探望苗某。为此，苗某经常闷闷不乐，也不爱说话，性格逐渐变得内向。苗某 14 岁的时候，被医院诊断为白血病，急需大量的医药费，苗某的母亲借遍了亲朋好友还是不够。苗某便给父亲打电话要求增加抚养费，父亲以当时离婚时抚养费额度已经确定为由拒绝增加，而苗某知道自己的父亲是有支付能力的，于是更加郁郁寡欢。苗某的母亲看在眼里急在心里，便多次和前夫协商，但一直无果，于是向法院起诉请求苗某的父亲增加抚养费。

法律疑点

苗某生病后，现有抚养费无法满足现实需要时，可以要求父亲增加抚养费吗？

法律分析

苗某可以要求父亲增加抚养费，因为这是他的权利。

抚养费的范围应当包括生活费、教育费和医疗费等。夫妻双方离婚后，不直接抚养子女的一方应负担必要的抚养费。我国《婚姻法》第三十七条第二款规定，关于子女生活费和教育费的协议或判决，不妨碍子女在必要时向父母任何一方提出超过协议或判决原定数额的合理要求。由此可知，父母双方离婚时确定的子女抚养费额度不是一成不变的。必要时，子女是可以要求父母增加生活费的，但此增加不能是狮子大开口，必须是一个合理的数额。在司法实践中，在不直接抚养子女一方有支付能力的情况下，如果子女要求增加抚养费的，有三种情形法院应予支持：一是物价上涨，父母双方离婚时确定的抚养费数额不能维持现在生活；二是子女因患病、求学，原定数额不能满足现实需求；三是有其他正当理由应当增加。

夫妻双方离婚时，不直接抚养子女的一方负担的抚养费数额的确定有两种方法：一是双方协商；二是法院判决。抚养费数额一般是根据子女现实需要和父或母的支付能力确定的。但社会在发展，人的需求会有变化，所以抚养费数额也会随之变化。因此，无论子女的抚养费是协议离婚时达成的还是法院判决的，子女都可根据自己的现实需要要求父或母适当增加抚养费。至于增加的幅度则不仅仅看子女的需求，应该依程序确定，即双方可协商解决，如协议不能，则依诉讼程序处理。

本案中，苗某因患病各项开支剧增，父母离婚时确定的抚养费不能满足现在的需要。根据法律规定，苗某有权要求父亲增加生活费，这是其所享有的权利，其父亲无权拒绝。

条文链接

《中华人民共和国婚姻法》

第三十七条　离婚后，一方抚养的子女，另一方应负担必要的生活费和教育费的一部或全部，负担费用的多少和期限的长短，由双方协议；协议不成时，由人民法院判决。

关于子女生活费和教育费的协议或判决，不妨碍子女在必要时向父母任何一方提出超过协议或判决原定数额的合理要求。

人生启示

夫妻离婚后，父母和子女的关系没有改变，父母对子女抚养和教育的权利和义务不会消除。离婚后，父母双方还需要承担子女的抚养费，但是抚养费会因为父母和子女的生活环境和社会的发展产生变化。抚养费的变更包括增加、减少和免除三种情况。但是无论抚养费如何变更，都要以维护子女的利益为前提。

44. 夫妻离婚后，直接抚养孩子的马某有权利阻止孩子的母亲张某见孩子吗？

家庭场景

张某在同事的介绍下认识了马某。两个人都因为被家里催婚，所以有许多共同语言。经过一段时间的接触，张某和马某在亲人的见证下步入婚姻的殿堂。婚后，两人感情还可以。孩子出生后，张某在家做起了全职太太，马某则和朋友一起创业。后来，马某的事业越来越好，在外面的应酬也越来越多，渐渐地回家的时间越来越少。张某多次要求马某抽出时间陪陪家人都于事无补。最后，张某和马某协议离婚，由于张某没有经济来源，马某获得了孩子的抚养权。两人离婚后，马某气恼张某与自己离婚，不让张某探望孩子。张某为此到法院起诉要求定期探望孩子。

法律疑点

马某有权利阻止张某探望孩子吗？

法律分析

马某不能阻止张某见孩子。在我国法律的规定中，除了子女被其他人合法收养外，父母与子女的关系不会改变。

我国《婚姻法》第三十八条规定，离婚后，不直接抚养子女的父或母，有探望子女的权利，另一方有协助的义务。行使探望权利的方式、时间由当事人协议；协议不成时，由人民法院判决。由此可知，父母与子女的血缘身份关系不因父母婚姻关系的终结而改变。父母与子女间的关系，不因父母离婚而消除，离婚后，即使不直接抚养子女，对于子女仍有抚养和教育的权利与义务。因此，在将抚养权判给一方的情况下，法律赋予不直接抚养子女的一方探望的权利。探望的具体时间和方式可协商，也可判决。

探望权是离婚后父或母对子女的一项法定权利，更是一种基本人权。我国对探望权立法旨意在于保护未成年子女的身心健康，父母的探望权也是依附于子女的最佳利益而设的。如果不直接抚养孩子一方的探望不利于孩子的身心健康，即探望给子女的身心造成损害，则由人民法院依法中止其探望的权利。否则，不直接抚养子女的一方享有探望权，其在行使探望权时，另一方必须予以配合。

本案中，马某不但不能阻止张某见孩子，还应当积极配合。除非张某的探望给孩子带来不利的影响，其探望孩子的权利才会有所限制。也就是说，如果张某的探望影响了孩子的正常生活和健康成长，张某则可能无法行使这一权利，但马某也必须向法院提出中止张某探望的申请，而不能私自阻挠张某与孩子会面。

条文链接

《中华人民共和国婚姻法》

第三十八条　离婚后，不直接抚养子女的父或母，有探望子女的权利，另一方有协助的义务。

行使探望权利的方式、时间由当事人协议；协议不成时，由人民法院判决。

父或母探望子女，不利于子女身心健康的，由人民法院依法中止探望的权利；中止的事由消失后，应当恢复探望的权利。

人生启示

父母双方离婚对于子女，特别是未成年子女的伤害无疑是最大的。离婚后，与子女分开的一方通过探望，与子女定期交流，有助于子女适应新环境。因此，直接抚养子女的一方应该协助、配合这种探望。反之，如果探望不利于子女的身心健康，则直接抚养子女的一方可向法院申请中止对方探望孩子的权利。值得注意的是，只有探望不利于子女身心健康时，才可中止探望，而其他原因都不能成为中止探望权的理由。

45. 夫妻离婚后，未直接抚养孩子的一方对孩子不闻不问，另一方应该怎么办？

家庭场景

耿某大学毕业后，回到家乡，在一家企业打工。其间，耿某认识了在同一家企业工作的吕某，两人很快确定了恋爱关系。一年后，耿某跟随吕某回到吕某的家乡登记结婚并生活。孩子出生后，耿某在家带孩子，吕某四处打零工以维持家庭日常开销。两年后，耿某通过公务员招录考试考取了当地的公务员。耿某考取公务员后，两人的生活圈开始发生变化，经常因为一些琐事争吵。后来，双方协议离婚，孩子归吕某抚养。两人离婚后，耿某不去探望孩子，也不支付抚养费。孩子天天哭着找妈妈，吕某多次给耿某打电话，耿某要么不接，要么就直接挂断。吕某只好到法院起诉，请求法院判决耿某支付抚养费并定期探望孩子。

法律疑点

法院会支持吕某的诉讼请求吗？

法律分析

法院会支持吕某的诉求。

由《婚姻法》第三十六条规定可知，夫妻关系和父母子女关系具有根本性的不同。夫妻关系是婚姻关系，是男女两性基于自愿而结成，此关系成立依法律程序，消除依法律行为；而父母子女关系是自然血亲关系，基于出生事实而形成的，人为不能解除。离婚后，父母子女关系不因不共同生活而消除，父母子女权利义务也不因父母离婚而受到影响，不与子女共同生活的一方仍然负有对子女进行抚养的权利义务。由《婚姻法》第三十七条规定还可以知道，离婚后，父母对子女仍然承担生活费和教育费的经济责任，此规定是强制性的，是父母双方无条件和平等的义务。

婚姻关系的解除，只是夫妻双方基于婚姻而存在的人身关系和财产关系归于消灭，父母离婚不消除父母与子女之间存有的血亲关系。离婚后，父母子女关系依然存在，父母对子女依然有抚养教育的权利和义务。双方离婚后，父母和子女关系虽然没有改变，但是父母对子女的抚养方式由父母双方共同抚养变成由父或母一方直接抚养。法律规定，不直接抚养子女的一方需承担抚养费，还要在有利于子女身心健康的基础上和子女多沟通交流。

本案中，耿某和孩子是母子关系，即使耿某和吕某离婚，耿某和孩子的母子关系仍然存在，耿某当然要履行抚养义务。所以，吕某的诉讼请求会得到法院的支持。

条文链接

《中华人民共和国婚姻法》

第三十六条 父母与子女间的关系，不因父母离婚而消除。离婚后，子女无论由父或母直接抚养，仍是父母双方的子女。

离婚后，父母对于子女仍有抚养和教育的权利和义务。

……

第三十七条 离婚后，一方抚养的子女，另一方应负担必要的生活费和教育费的一部或全部，负担费用的多少和期限的长短，由双方协议；协议不成时，由人民法院判决。

关于子女生活费和教育费的协议或判决，不妨碍子女在必要时向父母任何一方提出超过协议或判决原定数额的合理要求。

人生启示

夫妻双方无论基于什么原因离婚，孩子是无辜的。父母离婚时，必须对子女的抚养和教育问题进行妥善安置，应该最大限度地维护子女的利益。父母离婚不会消除父母子女之间的血亲关系，不论子女随哪一方生活，双方都有抚养义务。

46. 离婚后，作为不与子女共同生活的一方，在未成年子女给他人造成损害时，应当承担赔偿责任吗？

家庭场景

田某和孟某是邻村人，经人介绍相识，恋爱半年后，办理结婚手续并举行了婚礼。孩子三岁的时候，孟某想出去工作，希望婆婆能帮助照顾孩子。但是田某的母亲以自己身体不好为由，拒绝帮孟某带孩子。孟某因此经常和田某吵架，以致到了闹离婚的地步。后来，两人协议离婚，约定孩子归孟某抚养，田某每月支付抚养费。孩子上二年级的时候，在放学的路上向马路上扔石子，恰巧砸中停车开门的出租车司机刘某的头部，刘某找到孟某要求其承担医药费。孟某称自己没有能力独自支付这笔医药费，便要求田某共同承担。但是，田某称自己定期支付抚养费，不应再为此事承担责任。

法律疑点

田某有权利拒绝赔偿吗？

法律分析

在孟某独立赔偿有困难的情况下，田某有义务和孟某共同承担这笔医药费。

我国《婚姻法》第二十三条规定，父母有保护和教育未成年子女的权利和义务。在未成年子女对国家、集体、他人造成损害时，父母有承担民事责任的义务。由此可知，无民事行为能力人、限制民事行为能力人造成他人损害的，其监护人要承担民事责任。同时，《最高人民法院关于贯彻执行〈中华人民共和国民法通则〉若干问题的意见》第一百五十八条对此类问题规定，夫妻离婚后，未成年子女侵害他人合法权益的时候，与子女共同生活的一方应先承担民事责任。只有在其无法独立承担民事责任时，才由未与子女共同生活的另一方共同承担民事责任。但是如果监护人尽了监护责任的，可以适当减轻民事责任。有财产的未成年子女，应先由其赔偿；不足部分，才由父母依法单独或共同做适当赔偿。

夫妻离婚后，不直接抚养子女的一方，对于子女的义务不仅仅是抚养教育，还要在其侵犯他人合法权益时，承担相应的责任。因为离婚后，父母子女的关系没有改变，只是对子女的抚养方式发生了变化。所以，作为父母的责任和义务从来不因夫妻双方离婚而消失。

本案中，孩子虽然一直跟随孟某生活，但是孟某没有能力独立承担赔偿责任，则田某有义务和孟某共同承担该赔偿责任。

条文链接

《中华人民共和国婚姻法》

第二十三条　父母有保护和教育未成年子女的权利和义务。在未成年子女对国家、集体或他人造成损害时，父母有承担民事责任的义务。

《最高人民法院关于贯彻执行〈中华人民共和国民法通则〉若干问题的意见》

第一百五十八条　夫妻离婚后，未成年子女侵害他人权益的，同该子女共同生活的一方应当承担民事责任；如果独立承担民事责任确有困难的，可以责令未与该子女共同生活的一方共同承担民事责任。

人生启示

父母离婚后，未成年子女侵害他人权益的，直接抚养子女的一方一般先承担赔偿责任，未与子女共同生活的一方承担补充责任。这样的规定，是因为不直接抚养子女的一方不与子女共同生活，其具体的监护责任实现不太便利，所以法律适当减轻了其监护不力的责任。但在抚养子女一方独立承担责任有困难时，未直接抚养子女的一方仍需承担责任。

47. 离婚后一方作为孩子的直接抚养人，可以不和另一方商量就变更孩子的姓名吗？

家庭场景

杜某是一家企业的业务主管，在一次聚会上认识了吴某，杜某的幽默风趣、谈吐不俗让吴某一见钟情。恋爱仅三个月，杜某和吴某便办理了婚姻登记，并举行了婚礼。婚后，吴某发现杜某有赌博的恶习，无论她怎么劝阻都无济于事。当吴某决定和杜某离婚时，发现自己怀孕了。吴某认为有了孩子，杜某一定会改过自新的，便把孩子生了下来。孩子出生后，杜某不但没有改变，还有变本加厉的趋势。后来，双方协议离婚，孩子归吴某抚养。离婚后，吴某擅自把孩子的姓氏由杜改为吴。杜某得知此事后，向吴某提出把孩子姓氏改回来，吴某不同意。

法律疑点

杜某有权要求吴某恢复孩子的姓氏吗？

法律分析

杜某有权要求吴某恢复孩子的姓氏。

根据我国《婚姻法》第二十二条的规定可知，父母在子女出生后，可以协商以谁的姓作为子女的姓氏。子女可以随其父亲或母亲的姓。也就是说，子女不论选择母姓还是父姓都是可以的。但是，《公安部关于父母离婚后子女姓名变更有关问题的批复》规定，对于离婚双方未经协商或协商未达成一致意见而其中一方要求变更子女姓名的，公安机关可以拒绝受理；对一方因向公安机关隐瞒离婚事实，而取得子女姓名变更的，若另一方要求恢复其子女原姓名且离婚双方协商不成，公安机关应予以恢复。由此可见，父母有决定子女姓名的权利，子女既可以随父姓，也可以随母姓。但是如果夫妻双方离婚，变更子女姓氏时，父母双方必须协商，否则另一方有权要求恢复子女的原姓名。因为从根本上说，父母一方擅自变更子女的姓名，侵犯的是另一方基于姓名而享有的对子女的亲权。

子女可以随父姓，可以随母姓，成年子女有权利更改自己的姓名。如果该子女未成年，必须由监护人双方协商决定是否变更子女的姓名。在实践中，夫妻双方离婚后，直接抚养孩子的一方能否擅自变更子女姓名，要看子女是否为完全民事行为能力人：（一）子女是8周岁以下的完全无民事行为能力人的，双方需要协商变更。一方擅自变更的，另一方可以到公安机关要求恢复子女原来的姓名。（二）子女是限制民事行为能力人（已满8周岁）的，要征求子女的意见。（三）子女为完全民事行为能力人的，由子女决定。

本案中，吴某未经杜某同意擅自更改子女姓名，杜某有权要求吴某改回孩子的姓氏。如果吴某不同意更改，杜某可以直接到公安机关要求恢复孩子原来的姓氏。

条文链接

《中华人民共和国婚姻法》

第二十二条　子女可以随父姓，可以随母姓。

《公安部关于父母离婚后子女姓名变更有关问题的批复》

对于离婚双方未经协商或协商未达成一致意见而其中一方要求变更子女姓名的，公安机关可以拒绝受理；对一方因向公安机关隐瞒离婚事实，而取得子女姓名变更的，若另一方要求恢复其子女原姓名且离婚双方协商不成，公安机关应予以恢复。

人生启示

更改孩子姓名一般需要以下步骤；一是双方协商，有书面同意证明材料。子女成年的，还需子女同意；满8周岁的，也要征求其意见。二是需要携带户口簿、身份证、孩子的户口簿、结婚证或离婚证等材料到户籍管理机构办理。必须双方签字后，户籍管理机构才能给孩子改姓更名，否则户籍管理机构不会予以办理。

48. 登记在未成年子女名下的房屋是夫妻共同财产吗？夫妻离婚时，可以分割吗？

家庭场景

陈某和谭某认识时，谭某一穷二白，什么都没有。两人结婚后从银行贷款自主创业，做毛皮生意。后来生意越做越大，日子也渐渐地好了起来。从居无定所到有车有房，从一人单打独斗到一家三口，他们的日子越来越好。但后来因为行情不好，生意一年不如一年。谭某和陈某便又买了一套房，登记在11岁的儿子名下。儿子13岁的时候，陈某发现丈夫出轨，在多次劝阻无效的情况下，陈某向谭某提出离婚。谭某自知对不起陈某，把名下所有的财产都给了陈某，孩子也归陈某抚养，只提出登记在儿子名下的房屋归自己所有，作为自己的住所。陈某称房子登记在儿子名下，双方不能分割。谭某则称房子是夫妻共同出资购买的，是共同财产，完全可以分割。

法律疑点

登记在未成年子女名下的房屋是夫妻共同财产吗？夫妻离婚时可以分割吗？

法律分析

该房屋不是夫妻共同财产，夫妻双方离婚时，不能分割。陈某和谭某为孩子买房的行为是赠与行为。

我国《合同法》第一百八十五条规定，赠与合同是赠与人将自己的财产无偿给予受赠人，受赠人表示接受赠与的合同。赠与财产一经交付，即发生所有权转移。未成年子女虽然是无民事行为能力人或限制民事行为能力人，但是接受赠与是一项纯收益的民事行为，所以未成年人也是有权接受赠与的。接受赠与并办理相应手续后，该赠与财产的所有权即属于未成年人所有，任何人都无权侵犯其财产权益。

由法律规定我们可知，夫妻双方离婚时，登记在子女名下的财产，即使父母作为监护人，也不能随意处分子女的财产。如果夫妻双方离婚时没有经过子女同意，就对属于子女的部分作出处理，并且损害其权益的话，那么协议就不能生效。除非是为了保护未成年子女的利益，即父母只有是为了子女的健康成长和受教育等利益时才可处分未成年子女的财产。如果监护人违背此原则处分其财产，对未成年人利益构成损害的，监护人要承担赔偿责任。

在本案中，陈某和谭某将房子登记在儿子名下，其所有权归子女所有。因为产权人以产权证的登记为准，即使子女没有出资，子女的产权份额也应该得到保障，夫妻即使离婚，也没有权利侵犯子女的产权权益。如果父母离婚时，子女未成年，则由子女的监护人保护被监护人的财产安全。如果父母离婚时，子女已成年，则子女以具有完全民事行为能力的公民身份享有该财产的所有权。因此，本案中的该房屋不属于夫妻共有财产，陈某和谭某不能进行分割。

条文链接

《中华人民共和国合同法》

第一百八十五条 赠与合同是赠与人将自己的财产无偿给予受赠人，受赠人表示接受赠与的合同。

人生启示

在生活中，很多夫妻会因为各种原因把财产登记在子女名下。双方离婚时，没有直接抚养孩子的一方会认为子女的财产会归另一方所有。其实，这种想法是大错特错的。夫妻将房屋、汽车等财产无偿给未成年子女，实际上属于父母对子女的财产赠与，子女是财产所有人。如孩子尚未成年，其财产由监护人代为管理；如孩子已经成年，则可以自己管理财产。夫妻离婚时，只能对夫妻共同财产进行分割，无权对这部分财产进行分割。

第六章

离婚时财产分割问题

49. 离婚时，夫妻共同财产该如何分割？

家庭场景

顾某大学毕业后就到一家报社工作，在单位组织的一次旅游活动中认识了林某，二人很快就确立了恋爱关系，并于2008年9月9日登记结婚。婚后，林某将工资全部交给顾某，顾某虽然嫌弃林某有点大男子主义，不做家务，但二人感情还不错。第二年，顾某产下一子，此时林某还是一点家务不做，就连孩子也不照看。顾某偶尔会抱怨几句，林某反而指责她不够贤惠，夫妻矛盾逐渐升级。后来，顾某想让公婆帮忙说教林某，可是公婆非但不帮忙还反过来说顾某不懂事，不该要求一个大男人带孩子做家务。顾某心灰意懒，二人开始冷战，其间林某工资也不给顾某了，还偷偷买了一辆车。顾某发现后，决定与林某离婚。

法律疑点

离婚时，顾某夫妻之间的共同财产该如何分割？

法律分析

离婚时，对于夫妻共同财产的分割，应当先由夫妻二人协议解决，协商不成的，则由人民法院在照顾子女和女方权益的原则下进行判决。

根据我国《婚姻法》第三十九条的规定，离婚时，夫妻的共同财产由双方协议处理；协议不成时，由人民法院根据财产的具体情况，照顾子女和女方权益的原则判决。由此可知，对于夫妻的共同财产，在离婚时，双方应协议处理。协议不成的，则由人民法院根据财产的具体情况，并遵从照顾子女和女方权益的原则判决。

当然，法律允许夫妻双方在离婚时就财产问题自行协商处理，自行协商的财产范围不仅仅包括夫妻共同财产，对于属于夫妻一方的个人财产，只要是在双方的真实意思表示下自行分割的，法律也是允许的。而当夫妻双方在离婚时对财产的分割达不成一致意见诉至法院的，法院只能就夫妻双方的共同财产作出分割判决。

本案中，首先要明确的是，林某在其婚姻存续期间偷偷买的车当然属于夫妻共同财产。顾某与林某离婚时，对于夫妻的共同财产，二人应当协议解决，协商不成的，则由人民法院在照顾儿子和顾某权益的原则下进行判决。

条文链接

《中华人民共和国婚姻法》

第三十九条　离婚时，夫妻的共同财产由双方协议处理；协议不成时，由人民法院根据财产的具体情况，照顾子女和女方权益的原则判决。

夫或妻在家庭土地承包经营中享有的权益等，应当依法予以保护。

人生启示

当曾经关系密切的两个人站在分道扬镳的岔路口时，如果能做到即便感情逝去却依然坦诚相待，无疑也是美事一件。所以，法律充分尊重当事人在离婚时对于财产分割的意思自治，但是现实生活中，离婚的双方似乎总要将感情失利的不快转移到对财产的锱铢必较上来。正因如此，当夫妻双方对于共同财产的分割协商不下来而诉至法院时，法院在审理中应当对共同财产予以公平分割，以便更好地平息双方因离婚带来的不快，促进双方好合好散。

50. 什么情况下，男方可以要求女方返还彩礼？

家庭场景

秦某回老家过春节时经人介绍认识了贾某，贾某性格内向，虽然不是秦某喜欢的类型，但由于家里催婚催得紧，秦某很快与贾某确立了恋爱关系。经过几个月的接触，二人商定国庆节结婚，贾某便给了秦某8.8万元作为彩礼。可是，前不久秦某听说贾某最近因故回了一趟老家，但并未曾去看望自己的父母。秦某认为按照老家的规矩，既然两人都已订婚，那么贾某回老家时就应该去拜访自己的父母，遂打电话质问贾某。贾某解释道二人毕竟还未结婚，自己不去拜访也没什么。秦某觉得贾某太不会为人处事了，便提出要与贾某解除婚约。贾某同意，但是要求秦某返还那8.8万元彩礼。

法律疑点

贾某可以要求秦某返还8.8万元的彩礼吗？那么，在什么情况下，男方可以要求女方返还彩礼呢？

法律分析

贾某可以要求秦某返还8.8万元的彩礼。

我国《最高人民法院关于适用〈中华人民共和国婚姻法〉若干问题的解释（二）》第十条规定，如果婚姻当事人一方给付了另一方彩礼，在以下情况下，当事人要求返还，人民法院应予支持：（一）双方未办理结婚登记手续的；（二）双方办理结婚登记手续但确未共同生活的；（三）婚前给付彩礼并导致给付人生活困难的。此规定是关于男女双方就彩礼问题引发争议时如何处理的规定，只要符合上述情形的，男方可以要求女方返还彩礼。当然，对于此规定的第二、三项，必须以离婚为退还礼金的条件。同时，对于第三项这种因给付彩礼造成的生活困难，必须是导致生活的绝对困难而非相对困难，在离婚时才可以请求返还彩礼。

现实生活中，也存在男女双方没有办理结婚登记手续，但是已经在一起共同生活的情况。此时，双方如果决定分手，根据相关的规定礼金仍然可以返还，但人民法院会根据具体情况判决酌情返还。

本案中，秦某和贾某只是订婚并未领取结婚证，属于《最高人民法院关于适用〈中华人民共和国婚姻法〉若干问题的解释（二）》第十条规定的第一种情形，因此贾某可以要求秦某返还彩礼。

条文链接

《最高人民法院关于适用〈中华人民共和国婚姻法〉若干问题的解释（二）》

第十条　当事人请求返还按照习俗给付的彩礼的，如果查明属于以下情形，人民法院应当予以支持：

（一）双方未办理结婚登记手续的；

（二）双方办理结婚登记手续但确未共同生活的；

（三）婚前给付并导致给付人生活困难的。

适用前款第（二）、（三）项的规定，应当以双方离婚为条件。

人生启示

彩礼和嫁妆是我国传统婚嫁习俗，有关彩礼与嫁妆如何返还的问题，在我国广大地区特别是农村男女离婚案件中时有发生，我们暂且不论此习俗的存在是否合理，但由此产生的纠纷却不可忽视。我们可以将彩礼和嫁妆理解为男女双方以结婚为目的的相互赠与，当目的未达成时，一方可在一定条件下撤销对对方的赠与，这样的话在一方要求返还彩礼或嫁妆时会少些误解和纠纷。当然，关于彩礼和嫁妆这两件事，还是要理性一点，莫要坐地起价，攀比嫁妆，以免导致畸形的“金钱婚姻观”，败坏社会风气。

51. 离婚时，一方偷偷转移财产，受害方应如何维护自己的合法权益？

家庭场景

彭某和刘某大学一毕业就结婚了，婚后夫妻二人共同到北京打拼。经过近十年的奋斗，两人在北京全款购买了商品房两套、私家车一辆，均登记在妻子刘某名下。由于双方忙于工作，缺少沟通，夫妻感情逐渐恶化，经常发生争执。彭某受不了这种烦躁的婚姻生活便提出离婚，刘某觉得夫妻之间吵架是再正常不过的，再说孩子还小，不同意离婚。但彭某心意已决，向法院起诉离婚。刘某见状，暗自思忖彭某既然如此无情，那就不要怪自己无义，遂偷偷将夫妻双方近50万元的存款取出，分三次转存在他人名下，并将登记在自己名下的商品房挂在二手房交易市场出售。

法律疑点

起诉离婚期间，彭某发现妻子偷偷转移财产后，应如何维护自己的合法权益？

法律分析

彭某可以向法院申请财产保全。

为了保护婚姻生活中弱势群体的利益，法律规定了一些在紧急情况下适用的保护条款。

我国《民事诉讼法》第一百条第一款规定，人民法院对于可能因当事人一方的行为或者其他原因，使判决难以执行或者造成当事人其他损害的案件，根据对方当事人的申请，可以裁定对其财产进行保全、责令其作出一定行为或者禁止其作出一定行为；当事人没有提出申请的，人民法院在必要时也可以裁定采取保全措施。同时，《最高人民法院关于适用〈中华人民共和国婚姻法〉若干问题的解释（二）》第二十八条规定，涉及夫妻一方转移财产，另一方申请法院采取保全措施时，人民法院可以在采取保全措施可能造成损失的范围内，根据实际情况，确定合理的财产担保数额。也就是说，离婚时一方当事人隐藏、转移、变卖、毁损夫妻共同财产，另一方当事人可以向人民法院申请采取财产保全措施。

所谓财产保全，是指人民法院在利害关系人起诉前或者当事人起诉后，为保障将来的生效判决能够得到执行或者避免财产遭受损失，对当事人的财产或者争议的标的物，采取限制当事人处分的强制措施。财产保全制度是民事诉讼的重要制度之一，对于保证人民法院生效裁判的顺利执行具有重要作用。

本案中，在分割财产之前，刘某将属于夫妻共有的财产偷偷转移，该行为造成了夫妻共同财产的一部分灭失，对彭某是不利的。对此，彭某可以向法院申请财产保全，法院会依法采取强制措施，冻结待分配的财产，以保护彭某的合法权益。

条文链接

《最高人民法院关于适用〈中华人民共和国婚姻法〉若干问题的解释（二）》

第二十八条 夫妻一方申请对配偶的个人财产或者夫妻共同财产采取保全措施的，人民法院可以在采取保全措施可能造成损失的范围内，根据实际情况，确定合理的财产担保数额。

《中华人民共和国民事诉讼法》

第一百条第一款 人民法院对于可能因当事人一方的行为或者其他原因，使判决难以执行或者造成当事人其他损害的案件，根据对方当事人的申请，可以裁定对其财产进行保全、责令其作出一定行为或者禁止其作出一定行为；当事人没有提出申请的，人民法院在必要时也可以裁定采取保全措施。

人生启示

我国《婚姻法》第四十七条明确规定了隐藏、转移、变卖、毁损夫妻共同财产或伪造债务的一方要承担的法律后果，即在分割夫妻共同财产时可以少分或不分。即便是离婚后，另一方发现有上述行为的，也可以向人民法院提起诉讼，请求再次分割夫妻共同财产。为避免出现财产被转移的情形，离婚时可以提前将夫妻财产进行保全。当然，天下没有不透风的墙，在夫妻缘分走到尽头之时，双方还应坦诚相待，避免日后对簿公堂，为自己的不当行为买单，既得不偿失，也失了风度。

52. 未经对方同意，夫妻一方为自己父母治病所负的债务是否属于夫妻共同债务？

家庭场景

戴某与靳某结婚多年来，经常因琐事发生争执，2017 年 1 月二人大吵一架后便开始分居。当年 10 月，靳父突发心梗，住院治疗期间戴某未曾到医院看望，靳某见状遂提出离婚。离婚期间，靳某的父亲因做心脏搭桥手术，需要 10 万元的手术费用。靳某要求戴某从夫妻共同财产中拿出 6 万元，戴某拒绝。无奈，靳某向其好友借款 6 万元，缴纳了手术费。之后二人在进行财产分割时产生纠纷，靳某主张为父亲看病的 6 万元借款属于夫妻共同债务，但戴某则认为靳某借钱时没有与他商量，自己对此毫不知情，且借钱是为靳某的父亲治病，属于靳某的个人债务，与他无关。

法律疑点

未经对方同意，夫妻一方为自己父母治病所负的债务是否属于夫妻共同债务？

法律分析

为父母治病负债属于夫妻共同债务。

《最高人民法院关于适用〈中华人民共和国婚姻法〉若干问题的解释（二）》第二十四条规定，债权人就婚姻关系存续期间夫妻一方以个人名义所负债务主张权利的，应当按夫妻共同债务处理。但夫妻一方能够证明债权人与债务人明确约定为个人债务，或者能够证明属于婚姻法第十九条第三款规定情形的除外。由此可知，婚姻关系存续期间，以一方名义所欠的债务，原则上应当认定为夫妻共同债务，应该由夫妻共同偿还，除非其中一方能够证明该债务确为欠债人个人债务。属于个人债务的情形主要有两种，一种是债权人与债务人明确约定该项债务属于个人债务的；另一种是第三人知道夫妻约定婚姻关系存续期间所得的财产归各自所有的，此时夫或妻一方对外所负的债务属于个人债务。

从另外一个角度讲，子女赡养父母天经地义，我国《婚姻法》第二十一条也规定了子女对其父母有赡养的义务。同时，《最高人民法院关于人民法院审理离婚案件处理财产分割问题的若干具体意见》第十七条明确规定，夫妻为共同生活或为履行抚养、赡养义务等所负债务，应认定为夫妻共同债务，离婚时应当以夫妻共同财产清偿。

本案中，靳某借钱给父亲治病正是履行自己的赡养义务，对此戴某也有协助的义务。这笔钱虽是靳某个人所借，但应属于夫妻共同债务，应当用靳某与戴某的共同财产进行清偿，如果没有共同财产或共同财产不足以清偿债务时，则由双方协议清偿或人民法院判决解决。

条文链接

《最高人民法院关于适用〈中华人民共和国婚姻法〉若干问题的解释（二）》

第二十四条 债权人就婚姻关系存续期间夫妻一方以个人名义所负债务主张权利的，应当按夫妻共同债务处理。但夫妻一方能够证明债权人与债务人明确约定为个人债务，或者能够证明属于婚姻法第十九条第三款规定情形的除外。

《最高人民法院关于人民法院审理离婚案件处理财产分割问题的若干具体意见》

17. 夫妻为共同生活或为履行抚养、赡养义务等所负债务，应认定为夫妻共同债务，离婚时应当以夫妻共同财产清偿。

……

《中华人民共和国婚姻法》

第十九条第三款 夫妻对婚姻关系存续期间所得的财产约定归各自所有的，夫或妻一方对外所负的债务，第三人知道该约定的，以夫或妻一方所有的财产清偿。

人生启示

我国法律虽然没有规定夫妻对对方父母有赡养的义务，但《老年人权益保障法》第十四条第三款明确规定，赡养人的配偶应当协助赡养人履行赡养义务。现实生活中，当一方在履行赡养自己父母的义务时，于情于理，另一方都有协助对方的义务。这种协助义务是基于婚姻家庭关系的责任而产生的法律行为，是法律要求，亦是基本的道德要求，有利于促进社会和谐稳定。

53. 对于一方婚前贷款买房而婚后夫妻共同还贷的，离婚时该房应如何分割？

家庭场景

柳某大学毕业后到深圳打工，经过五年的辛苦打拼攒到了一些钱后便回到老家陕西，并在县城首付20万元买下一套房子，登记在自己名下。随后，柳某经人介绍认识了高某。由于柳某年龄大了着急结婚，于是二人在认识三个月后便登记结婚。可是，二人婚前接触时间太短，缺乏足够了解，导致婚后经常因家庭琐事吵闹不休。在过了三年吵吵闹闹的婚姻生活后，双方都觉得累了，决定离婚。在分割财产时二人发生纠纷，高某认为她婚后也承担了房贷，要求分割房产，柳某则不同意。经查，婚姻存续期间两人用工资共同还贷8万元，还有10万元的房贷未付清。该房屋现在若出售能卖80万元。

法律疑点

对于一方婚前贷款买房而婚后夫妻共同还贷的，离婚时该房应如何分割？

法律分析

首先由双方协商，协商不成的，可

由人民法院判决该房屋归产权登记人所有，未还清的房贷属于产权登记人的个人债务；对于双方婚后共同还贷部分的款项及其对应的增值部分，按共同财产分割。

根据《婚姻法》第三十九条第一款及《最高人民法院关于适用〈中华人民共和国婚姻法〉若干问题的解释（三）》第十条之规定可知，夫妻一方婚前签订不动产买卖合同，以个人财产支付首付款并在银行贷款，婚后用夫妻共同财产还贷，不动产登记于首付款支付方名下的，离婚时该不动产由双方协议处理。协议不成的，人民法院可以判决该不动产属于产权登记人个人所有，尚未归还的贷款为产权登记一方的个人债务。双方婚后共同还贷支付的款项及其相对应财产增值部分，由产权登记一方根据照顾子女和女方权益的原则对另一方进行补偿。

现在大多是贷款购房，但婚前首付可能是房款的一小部分，另一方在婚后承担了还贷义务，如果简单认定这房子是一方的婚前财产，显然是有失公平的。即使婚后是婚前买房一方一个人还贷的，但婚后任何一方的收入都是夫妻共同财产，实际上还是在用夫妻共同财产还贷。《最高人民法院关于适用〈中华人民共和国婚姻法〉若干问题的解释（三）》第十条对这种情况规定了解决方案，体现了付出与所得相符合的公平原则。

本案中，人民法院可判决该房屋归柳某所有，未还的10万元房贷为柳某个人债务。二人共同还贷的8万元及该房的增值部分42万元（80万元减去房屋总价38万元），在扣除首付款所占的增值比例后，确定为用夫妻共同财产共同偿还的债务，先由夫妻二人协商处理。若协商不成，人民法院会根据财产的具体情况，在照顾子女和女方权益的原则下判决由柳某对高某进行补偿。

条文链接

《最高人民法院关于适用〈中华人民共和国婚姻法〉若干问题的解释（三）》

第十条　夫妻一方婚前签订不动产买卖合同，以个人财产支付首付款并在银行贷款，婚后用夫妻共同财产还贷，不动产登记于首付款支付方名下的，离婚时该不动产由双方协议处理。

依前款规定不能达成协议的，人民法院可以判决该不动产归产权登记一方，尚未归还的贷款为产权登记一方的个人债务。双方婚后共同还贷支付的款项及其相对应财产增值部分，离婚时应根据婚姻法第三十九条第一款规定的原则，由产权登记一方对另一方进行补偿。

《中华人民共和国婚姻法》

第三十九条第一款　离婚时，夫妻的共同财产由双方协议处理；协议不成时，由人民法院根据财产的具体情况，照顾子女和女方权益的原则判决。

人生启示

在我国传统的婚嫁过程中，一般是由男方购房，女方则买车等易消耗的生活用品，婚后女方还可能因生育、家庭琐事而放弃个人事业，导致女方在经济上更多地依赖于男方。因此，有部分女性认为《最高人民法院关于适用〈中华人民共和国婚姻法〉若干问题的解释（三）》第十条规定对女性十分不公平，使得强者更强，弱者更弱。但事实上，此规定有利于人们形成独立的婚姻观，即夫妻财产独立、经济自由，有利于女性同胞更好地发挥自我价值。

54. 离婚时，养老保险金可否作为夫妻共同财产进行分割？

家庭场景

陶某和董某经人介绍相识，于2010年登记结婚，婚后育有一子陶甲。结婚多年，起初夫妻感情尚好，后因陶某经常打麻将、夜不归宿，不照顾家庭导致夫妻产生矛盾。董某见陶某屡教不改，于2017年6月提出离婚，陶某再三向董某保证自己再也不打麻将了，董某心想为了儿子就再信其一次。结果，陶某非但不改，还越打越大，赌债越欠越多。2018年1月，董某再次提出离婚，并要求分割二人的养老保险金，而陶某不同意。实际上，双方均未达到法定的退休年龄，董某在社会保险经办机构个人账户中的养老保险金比陶某多4万元，个人缴纳部分比陶某多缴纳2.4万元。

法律疑点

离婚时养老保险金可否作为夫妻共同财产进行分割？

法律分析

离婚时养老保险金可否作为共同财产进行分割，应根据不同的情形，作出不同的分割处理。

《最高人民法院关于适用〈中华人民共和国婚姻法〉若干问题的解释（三）》第十三条规定，离婚时夫妻一方尚未退休、不符合领取养老保险金条件，另一方请求按照夫妻共同财产分割养老保险金的，人民法院不予支持；婚后以夫妻共同财产缴付养老保险费，离婚时一方主张将养老金账户中婚姻关系存续期间个人实际缴付部分作为夫妻共同财产进行分割的，人民法院应予支持。也就是说，夫妻关系存续期间已经领取的养老保险金属于夫妻共同财产，离婚时可以要求分割；但如果离婚时夫妻一方尚未退休、不符合领取养老保险金条件的，则不存在分割的问题，即使主张分割也得不到法律的支持。当然，以夫妻共同财产缴付的养老保险费，属于夫妻共同财产，离婚时可以要求分割。

养老保险金具有工资属性，应当纳入夫妻共同财产的范围。但现实生活中，因养老保险金有不同的存在情形其分割的可操作性也有所不同，具体而言：一是离婚的男女双方均已退休并开始领取养老保险金的，只需领取保险金多的一方按月给少的一方补付差额款即可；二是离婚的男女双方均未达到退休年龄，已缴纳一定数额的养老保险费，但尚未开始领取养老保险金，此情况下分割的可操作性较差，且领取养老保险金还存在一定的预期，法院只能以双方实际缴纳的养老保险费总额数为基数，按平等原则进行分割，由养老保险费账户总额多的一方给少的一方补差；三是一方已开始领取养老保险金，另一方尚未开始领取养老保险金，此时可以将养老保险金账户中婚姻关系存续期间个人实际缴付部分作为夫妻共同财产进行分割。

本案中，董某和陶某名下的养老保险金属于第二种情形，分割时应当以双方实际缴纳的养老保险费总额数为基数，按平等原则，由董某给陶某补差。

条文链接

《最高人民法院关于适用〈中华人民共和国婚姻法〉若干问题的解释（三）》

第十三条 离婚时夫妻一方尚未退休、不符合领取养老保险金条件，另一方请求按照夫妻共同财产分割养老保险金的，人民法院不予支持；婚后以夫妻共同财产缴付养老保险费，离婚时一方主张将养老金账户中婚姻关系存续期间个人实际缴付部分作为夫妻共同财产分割的，人民法院应予支持。

人生启示

养老保险金具有与个人身份的紧密关联性、专属性及不可预测性，因此，离婚的夫妻双方不可想当然地将养老保险金作为夫妻共同财产而要求对其进行分割。对于离婚时养老保险金的分割问题，应以不破坏其专属性为原则，以养老保险金账户金额为依据、以现有价格补偿为手段，分割时将其与其他共同财产进行调剂、补偿，从而达到定分止争的目的。

55. 丈夫因个人事务与妻子签订的借款协议是否有效？

家庭场景

2015年9月，肖某与叶某登记结婚，婚后育有一子。2017年3月，肖某以自己经营的公司需要资金周转为由，让妻子叶某借给自己20万元。当时，肖某给妻子出具了借条，并约定每月利息为1%，三个月后归还。之后肖某便再未提过此事，叶某心想二人已经是夫妻，而且肖某借钱也是为了这个家，所以也没有催促肖某还钱。可是一年后，叶某才发现肖某并没有将这20万元投资做生意，而是为其情人买了一辆私家车。叶某一怒之下提出离婚，并要求肖某偿还20万元借款及利息。肖某则称这20万元是夫妻共同财产，二人的借款协议是无效的，拒绝偿还。二人因此产生纠纷，诉至法院。

法律疑点

丈夫因个人事务与妻子签订的借款协议是否有效？

法律分析

有效。夫妻在婚姻关系存续期间的借款协议，应视为双方约定处分夫妻共同财产的行为，离婚时可按照借款协议的约定处理。

《最高人民法院关于适用〈中华人民共和国婚姻法〉若干问题的解释（三）》第十六条规定，以夫妻共同财产出借给一方从事个人经营活动或用于其他个人事务的，应视为双方约定处分夫妻共同财产的行为，离婚时可按照借款协议的约定处理。同时，《婚姻法》第十九条第二款规定，夫妻对婚姻关系存续期间所得的财产以及婚前财产的约定，对双方具有约束力。据此可知，当夫妻双方在婚内办理借款协议，将夫妻共同财产借给其中一方从事经营活动或者其他个人事务的，相当于该夫妻对此笔借款进行了约定，双方应按照协议内容履行。

虽然夫妻之间存在特殊的关系，但《合同法》并未禁止夫妻之间作为借款合同主体。然而，夫妻之间的借款协议并非当然有效，需同时满足以下几个条件时才有效。一是双方之间要有真实的借款意思表示，且必须是出借给一方从事个人经营活动或用于其他个人事务；二是夫妻一方向另一方的借款，必须要有真实的金钱出借跟交付行为；三是借款纠纷应在婚姻关系结束后提起诉讼。同时，出借的款项源于共有财产还是个人财产对于偿还的数额有重要影响，因为在夫妻双方未约定财产个人所有制的情况下，如果夫妻一方出借的款项源于共有财产，那么对方只需要偿还一半的款项；如果夫妻一方出借的款项源于个人所有财产，那么对方需要全额偿还款项。

本案中，叶某借钱给肖某，虽是发生在夫妻关系存续期间，但肖某出具了借条，应视为双方对部分财产的归属作出了书面约定，双方的借贷关系成立，但如果叶某不能证明这20万元是其个人财产，肖某需按照协议偿还一半的款项。

条文链接

《最高人民法院关于适用〈中华人民共和国婚姻法〉若干问题的解释（三）》

第十六条 夫妻之间订立借款协议，以夫妻共同财产出借给一方从事个人经营活动或用于其他个人事务的，应视为双方约定处分夫妻共同财产的行为，离婚时可按照借款协议的约定处理。

人生启示

夫妻之间借款是很常见的，但怎么才能更好地保护自己的合法权益呢？夫妻之间的借款发生在婚内，但往往在离婚的时候才提出要求偿还，因此在发生借款关系时就要做好证据的保全工作。当对方提出向自己借钱时，务必要求与对方签订书面的借款协议或者是借据作为证据，另外，如果约定了还款期限，则须注意诉讼时效问题。

56. 用夫妻共同财产投资但仅以一方名义设立的独资企业，离婚时应如何分割？

家庭场景

贺某不顾家人的强烈反对偷偷与相恋多年的霍某结婚。婚后，贺某在一家企业做翻译，霍某则在建筑工地务工。贺某的父母原本就不喜欢霍某，见其工资远远低于自己女儿时就更加看不起霍某，甚至经常说霍某没出息。霍某的自尊心受到严重打击，深思熟虑后，他用二人仅有的5万元以自己的名义开办了一家专门做建筑水管的小公司。在霍某的精心经营下，生意越做越大，盈利丰厚。贺某父母见状，便隔三岔五地向霍某借钱，但大多是有借无还。此时贺某也辞去了工作，每天以打牌、逛街购物为主，短短两个月便花去10多万元。霍某最终提出离婚，贺某同意，但二人因分割该公司时产生纠纷。

法律疑点

用夫妻共同财产投资但仅以一方名义设立的独资企业，离婚时应如何分割？

法律分析

应根据夫妻双方是否主张经营该独资企业进行合理分割。

由《最高人民法院关于适用〈中华人民共和国婚姻法〉若干问题的解释（二）》第十八条的规定可知，用夫妻共同财产投资但仅以一方名义设立的独资企业，该企业属于夫妻共同财产，离婚时如果夫妻一方主张经营该独资企业，另一方放弃的，企业由主张经营的一方所有，由取得企业的一方对另一方给予相应的补偿；如果夫妻双方均主张经营该独资企业而又无法协商一致时，采取双方竞价的方式决定独资企业的归属，即由出价最高的夫妻一方取得企业所有权，同时给予另一方相应的补偿；如果夫妻双方均不愿意经营该独资企业，此时个人独资企业解散，解散后清算及清偿事宜按照《个人独资企业法》的规定办理。至于取得企业一方如何对另一方予以补偿的问题，若夫妻双方就此另有约定，可以按照约定处理；若夫妻双方没有约定，则需要对夫妻双方在独资企业中的共同财产价值进行评估确定。

当然，如果该独资企业是夫妻一方在婚前以个人财产投资设立的，或者虽是婚后设立的，但是以个人婚前财产或婚后个人财产出资的，该企业财产均应为投资人的婚前财产，但婚姻关系存续期间因经营企业所得收益均属于夫妻共同财产。故此情形下，在夫妻双方离婚时，解决的只是独资企业在婚姻关系存续期间的收益，而不涉及独资企业的归属问题。也就是说，此时，只应对经营企业所得的收益进行分割，而不能对企业财产进行分割。

本案中，霍某建立的个人独资企业

是以夫妻共同财产投资的，因此该企业属于夫妻共同财产，离婚时应该按照《最高人民法院关于适用〈中华人民共和国婚姻法〉若干问题的解释（二）》第十八条的规定进行合理分割。

条文链接

《最高人民法院关于适用〈中华人民共和国婚姻法〉若干问题的解释（二）》

第十八条 夫妻以一方名义投资设立独资企业的，人民法院分割夫妻在该独资企业中的共同财产时，应当按照以下情形分别处理：

（一）一方主张经营该企业的，对企业资产进行评估后，由取得企业一方给予另一方相应的补偿；

（二）双方均主张经营该企业的，在双方竞价基础上，由取得企业的一方给予另一方相应的补偿；

（三）双方均不愿意经营该企业的，按照《中华人民共和国个人独资企业法》等有关规定办理。

人生启示

由于夫妻企业的紧密性更强，能有效避免利益分配不均导致创业团队分崩离析，但正是由于这种特殊的紧密性，往往会导致产权和财务的混乱，当夫妻分道扬镳时则会出现更多的问题。因此，人民法院在审理此类问题时应当从有利于发展生产、有利于经营管理的角度出发，在尽量维持企业组织形态完整性的前提下进行合理分割。

57. 已经继承但尚未分割的遗产，离婚时可以作为夫妻共同财产进行分割吗？

家庭场景

汲某的父亲经营一家有限责任公司，生意做得风生水起，置了不少产业。汲某和景某结婚后，景某便到汲父公司帮忙。2014 年汲某的父亲因病去世，留下 5 处房产及若干存款。由于汲某的母亲健在且住在其中一处房屋中，汲某兄妹三人便商定暂不分割父亲留下的任何遗产，等母亲百年后再作分割。汲父不在后，景某对汲某的态度发生很大变化，二人从一开始的小吵小闹发展至大打出手，感情出现裂痕。2018 年 1 月，汲某提出离婚，二人在分割财产时产生纠纷，景某提出汲父所留的遗产也应作为夫妻共同财产进行分割，汲某则坚决不同意景某的要求。

法律疑点

已经继承但尚未分割的遗产，离婚时可以作为夫妻共同财产进行分割吗？

法律分析

不可以进行分割，只能在遗产分割后另行起诉。

我国《婚姻法》规定，婚姻关系存续期间，因继承所得的财产归夫妻共同所有。同时，《最高人民法院关于适用〈中华人民共和国婚姻法〉若干问题的解释（三）》第十五条规定，婚姻关系存续期间，夫妻一方作为继承人依法可以继承的遗产，在继承人之间尚未实际分割，起诉离婚时另一方请求分割的，人民法院应当告知当事人在继承人之间实际分割遗产后另行起诉。据此可知，离婚时夫妻一方作为继承人已经继承但尚未分割的遗产不可以作为夫妻共同财产进行分割，只能在遗产分割后另行起诉。

法律之所以作此规定，是因为夫妻双方离婚时，虽然遗产份额归夫妻共有，但由于遗产尚未在继承人之间进行分割，夫妻对于作为遗产的共同财产只是享有期待权，夫妻一方关于分割该部分财产中夫妻共有份额的条件尚不具备，因此不能在离婚诉讼中进行处理。遗产只有在实际分割完毕后，才属于继承人的个人财产，离婚关系中的双方当事人才能就此财产作出如何处分的意思表示，法院才可以对夫妻一方诉请分割原配偶继承所得部分财产的主张依法受理裁判。

本案中汲某所继承的遗产份额系在和景某的婚姻关系存续期间所继承，该部分遗产份额应作为夫妻共同财产进行分割。但是，由于遗产尚未分割，因此景某希望分割该遗产的想法是不能实现的。只有在取得遗产的分割证明后，景某才能另行诉讼解决汲某已继承遗产的二次分割问题。

条文链接

《最高人民法院关于适用〈中华人民共和国婚姻法〉若干问题的解释（三）》

第十五条　婚姻关系存续期间，夫妻一方作为继承人依法可以继承的遗产，在继承人之间尚未实际分割，起诉离婚时另一方请求分割的，人民法院应当告知当事人在继承人之间实际分割遗产后另行起诉。

人生启示

现实生活中，离婚夫妻一方为不让另一方分得自己已经继承的遗产份额而放弃继承时，另一方横加干涉的现象时有发生。此时我们需要明白的是，虽然《婚姻法》规定在婚姻关系存续期间因继承所得的财产归夫妻共同所有，但是继承权是自然人基于一定的身份关系而享有的权利，具有强烈的人身属性，不是具体的财产，不能认定为夫妻共有。也就是说，婚姻关系存续期间因继承所得的财产属于夫妻共同财产，但婚姻关系存续期间取得的继承权不属于夫妻共有的权利。因此，夫妻一方放弃继承权的，另一方无权干涉。当然，如果继承人因放弃继承权而不能履行法定义务的，放弃继承权的行为无效。

58. 婚姻关系存续期间，一方已完成但未出版的作品的知识产权收益是否属于夫妻共同财产？

家庭场景

邓某和袁某大学期间自由恋爱，一毕业便登记结婚。邓某爱好写作，婚后醉心于写作，未出去工作，但其作品从未发表过，生活的压力都压在袁某一人身上。在儿子出生后，不堪生活重负的袁某找邓某谈过，恳求其边工作边创作，哪怕是只负责照顾儿子也行。但已经痴迷于写作的邓某声称自己马上就完成《人间》的创作，让袁某不要打扰。此时，袁某决定等邓某完成创作，如果他仍旧只顾写作就与其离婚。可是，邓某完成作品《人间》的创作后随即投入下一部作品的创作，对孩子仍是不管不顾。心灰意懒的袁某提出离婚，此时《人间》还未与任何出版社签订书面合同。

法律疑点

婚姻关系存续期间，一方已完成但未出版的作品的知识产权收益是否属于夫妻共同财产？

法律分析

婚姻关系存续期间，一方已完成但未出版的作品的知识产权收益不属于夫妻共同财产。

虽然我国《婚姻法》第十七条第三项规定婚姻关系存续期间，夫妻取得的知识产权的收益为夫妻共同财产，但是根据《最高人民法院关于适用〈中华人民共和国婚姻法〉若干问题的解释（二）》第十二条规定，《婚姻法》第十七条第三项规定的“知识产权的收益”，是指婚姻关系存续期间，实际取得或者已经明确可以取得的财产性收益。也就是说，知识产权财产性收益明确可以取得的时间在婚姻关系存续期间的，则无论收益的实际取得是在婚姻关系存续期间还是在离婚之后，该收益均为夫妻共同所有，反之则为夫妻一方个人所有。

所谓知识产权的收益，是指由于智力成果而取得的一定财产性收益，是基于智力创造性活动所产生的由法律赋予知识产权所有人对其智力成果所享有的某些专有权利。《婚姻法》第十七条关于“夫妻共同财产”的规定中，“夫妻共同所有”的只是因知识产权产生的财产性收益，而非知识产权。也就是说，夫妻一方取得的知识产权中的人身权只归知识产权人专有，并不因婚姻关系而发生共有。而在婚姻关系存续期间，夫妻一方实际取得或者已经明确可以取得的财产性收益应属夫妻共同财产之列，归夫妻共有。

本案中，婚姻关系存续期间邓某创作完成《人间》，但邓某没有与任何出版社签订书面合同，未确定该书是否出版，即在此期间该书是否出版、是否会取得知识产权中财产性收益尚处于不确定状态，不是实际已取得或明确可以取得的财产性权益，不属于夫妻共同财产。但在离婚分割财产时，可根据具体情况对袁某予以适当照顾。

条文链接

《最高人民法院关于适用〈中华人民共和国婚姻法〉若干问题的解释（二）》

第十二条 婚姻法第十七条第三项规定的“知识产权的收益”，是指婚姻关系存续期间，实际取得或者已经明确可以取得的财产性收益。

《最高人民法院关于人民法院审理离婚案件处理财产分割问题的若干意见》

第十五条 离婚时一方尚未取得经济利益的知识产权，归一方所有。在分割夫妻共同财产时，可根据具体情况，对另一方予以适当的照顾。

人生启示

虽然我国法律规定，婚姻关系存续期间，一方已完成但未出版的作品的知识产权收益不属于夫妻共同财产，但是根据《最高人民法院关于人民法院审理离婚案件处理财产分割问题的若干意见》第十五条的规定，在分割时，可根据具体情况，对另一方予以适当的照顾。这是因为考虑到在婚姻存续期间取得知识产权的一方大多是以家庭整体投入换取的个人权利。

第七章

生育与收养子女问题

59. 借腹生子的协议受法律保护吗？

家庭场景

柯某与妻子支某结婚多年一直未能生育。2016年，刚刚大学毕业的党某到柯某所开办的公司工作，柯某见党某年轻非常有活力，认为其很适合生育，遂产生了借腹生子的念头。一开始党某不同意，但在柯某的利诱下，双方签订了一份借腹生子协议，约定由党某在一年内为柯某怀孕生子，柯某向其支付50万元作为补偿，孩子出生后由柯某夫妇抚养，与党某再无任何关系，党某不得看望孩子且不管党某以后结婚与否都不能找任何理由要回孩子。协议签订后，柯某先支付了20万元。2017年党某产下一男婴后便将其交给柯某夫妇。后来党某对儿子思念不已，要求看望儿子，柯某以党某的要求违反双方所签协议为由拒绝。

法律疑点

借腹生子的协议受法律保护吗？

法律分析

这种借腹生子的协议在法律上不具有合法性，是绝对无效的。

虽然法律上对于借腹生子的行为没有规定具体的条款来进行处罚，但是这种借腹生子协议在法律上是绝对无效的。这是因为借腹生子的行为违反了社会上的公序良俗，破坏了家庭、社会的安定，伤害了一般社会成员良好的道德情感，甚至容易诱发道德危险。同时，我国《合同法》第七条明确规定，当事人订立、履行合同，应当遵守法律、行政法规，尊重社会公德，不得扰乱社会经济秩序，损害社会公共利益。很显然，借腹生子行为与《婚姻法》的立法精神相违背，因而签订的借腹生子协议是无效的，对双方当事人不产生任何法定的约束力。

近几年来，借腹生子、代孕生子等现象在社会上不断涌现，但此类行为很容易引起现实意义上的父母与血缘关系父母不是同一人的问题，由此导致母子关系的确立及亲情的享有混乱的后果，这样一来就必然会引发抚养、赡养和继承等一系列纠纷与矛盾，最终动摇作为社会基本细胞的婚姻家庭关系的稳定性与纯洁性。同时，此类行为很可能给行为人的家庭和孩子造成巨大的伤害，而且此类伤害一旦发生，所涉及的孩子和妇女的权益将无法得到保障。因此，应当对这种行为加以批评和制止。

本案中，党某和柯某之间借腹生子的协议当然是无效的，是不被法律保护的。党某如若想要回孩子的抚养权或行使自己看望孩子的权利需要通过法律途径解决。

条文链接

《中华人民共和国合同法》

第七条 当事人订立、履行合同，应当遵守法律、行政法规，尊重社会公德，不得扰乱社会经济秩序，损害社会公共利益。

人生启示

从道德层面来看，借腹生子、代孕生子虽然圆了部分不育夫妇的子女梦，但是这种把女性身体视作生育的“工具”，新出生的婴儿视为“商品”的行为，其实是对女性、母亲人格尊严的贬低和侮辱，是对妇女儿童合法权益的践踏和否定。如果任其发展下去，不仅会打破传统的生育观念和生育秩序，还会带来一系列道德伦理和社会、法律问题，最终导致社会赖以为继的伦理基础将不复存在的严重后果。所以，法律引导我们千万不要为了眼前的一点点利益而害人害己，未能生育的夫妇可以选择领养孩子来弥补内心的空虚，但是借腹生子是万万使不得的。

60. 子女可以随母姓吗？

家庭场景

2010年，温某和宇文某在自由恋爱一年后登记结婚，婚后第二年宇文某产下一子，夫妻感情和睦。2015年在国家二胎政策全面放开后，都是独生子女的二人便决定再生育一个孩子。备孕两年后，宇文某终于如愿怀孕，全家人都很高兴。怀孕后不久，宇文某考虑到自己是独生子女，且第一个孩子已经随丈夫的姓氏，因此想让第二个孩子随自己的姓。宇文某原本想这不是什么大事，即便公婆不愿意丈夫也应该是理解自己的，可在其提出自己的想法后却遭到了丈夫和公婆的强烈反对。宇文某万万没想到平日里很爱自己的丈夫竟如此不顾及她的感受，二人因此发生激烈的争执，盛怒之下的宇文某提出离婚。

法律疑点

子女可以跟随母姓吗？

法律分析

子女可以跟随母姓。

我国《婚姻法》第二十二条规定：“子女可以随父姓，可以随母姓。”由此规定可知，夫妻二人的孩子既可以跟随父姓，也可以跟随母姓。法律并没有明确规定子女必须跟谁的姓，那么孩子到底是跟父姓还是跟母姓，这是需要夫妻二人进行协商的。

在我国，孩子随父姓是延续了几千年的传统社会制度，几千年的封建社会里似乎并没有对于孩子姓氏问题产生争议。但是最近几年，孩子的姓氏问题却成了很多家庭争论的矛盾所在，这跟中国发展得越来越好，人们的思想观念越来越开放，社会对女性越来越尊重有很大的关系，这是社会进步的一种表现。我国《婚姻法》第二十二条就是既充分尊重传统的社会制度，又考虑到现如今的实际生活情况才作此规定的。

现实生活中，夫妻因为孩子跟父姓还是跟母姓而反目的事情时有发生，正如本案中的温某和宇文某夫妻，根据我国《婚姻法》第二十二条的规定，孩子完全可以随其母亲宇文某的姓，但是这需要夫妻二人达成一致意见。如果夫妻双方仅仅为孩子跟谁的姓而离婚，实在是得不偿失。

条文链接

《中华人民共和国婚姻法》

第二十二条　子女可以随父姓，可以随母姓。

人生启示

孩子随父亲姓氏在中国早已根深蒂固，不过随着中国越来越开放，夫妻之间对于孩子到底跟谁姓，可选择性也越来越强。如果夫妻双方仅仅为孩子跟谁的姓而闹得夫妻不和、家庭不睦，实在有些得不偿失。

61. 如何确定一个人的出生日期？出生日期有何法律意义？

家庭场景

易某和云某于2013年5月登记结婚，2014年8月31日晚上11点多，云某产下一女易小美。2017年9月，易某夫妇准备将女儿送到幼儿园，可是在办理入园手续时才发现户口簿上登记女儿的出生日期是2014年9月1日，而医院出具的出生证明上登记的是2014年8月31日。易某夫妇顿时迷茫了，不知道女儿的法定出生日期应该以哪个为准，如果按照医院出具的出生证明上登记的时间，女儿可以在过完6周岁生日就顺利升入小学接受教育，但如果按照户口簿上登记的时间，女儿很有可能要晚一年才能升入小学。而且夫妻二人也不知道出生日期对一个人有何法律意义，因此十分担心这样会对女儿未来的成长发展产生不良影响。

法律疑点

如何确定一个人的出生日期？出生日期有何法律意义？

法律分析

公民的出生时间以出生证明记载的时间为准，没有出生证明的，以户籍登记或者其他有效身份登记记载的时间为准。有其他证据足以推翻以上记载时间的，以该证据证明的时间为准。

我国《民法总则》第十五条明确规定，自然人的出生时间和死亡时间，以出生证明、死亡证明记载的时间为准；没有出生证明、死亡证明的，以户籍登记或者其他有效身份登记记载的时间为准。有其他证据足以推翻以上记载时间的，以该证据证明的时间为准。由此可知，认定出生日期的标准首先为出生证明。

一个人的出生日期到底有何法律意

义呢？从民法角度来说，一个人从呱呱落地的那时起，就具有民事权利能力，依法享有民事权利、承担民事义务；8周岁生日后就有了部分行为能力，可以自己决定进行一些数额小、价钱少的买卖、借钱、租赁等民事行为；女性过了20周岁的生日，男性过了22周岁的生日，就已达到《婚姻法》规定的法定婚龄，可以走进结婚殿堂。从刑法的角度来说，14周岁的生日是公民能否承担刑事责任年龄的分界线，未满14周岁的未成年人无论有什么样的犯罪行为，均不承担刑事责任。已满14周岁、不满16周岁的人，犯故意杀人、强奸、抢劫等8种（类）罪的，负刑事责任；而16周岁的生日则是公民应当承担刑事责任的界线，只要触犯刑法构成犯罪的，都要负刑事责任（如果未满18周岁会从轻、减轻处罚）。

我国刑法上关于周岁的确定是按照公历的年、月、日计算，从周岁生日的第二天起算，民法上也有类似的规定。以上罗列仅仅是一小部分，出生日期还影响着公民选举权与被选举权的确定、职工退休时间的确定等生活中的方方面面，由此可知，在一个法治国家里，一个人的出生日期是具有很重要的法律意义的。

按照我国现有法律规定，本案中，易小美的法定出生日期应以出生证明上记载的日期为准，即2014年8月31日是其生日。如果易某夫妇认为户口簿上登记的出生日期有误，可到当地派出所咨询申请更正。

条文链接

《中华人民共和国民法总则》

第十五条　自然人的出生时间和死亡时间，以出生证明、死亡证明记载的时间为准；没有出生证明、死亡证明的，以户籍登记或者其他有效身份登记记载的时间为准。有其他证据足以推翻以上记载时间的，以该证据证明的时间为准。

人生启示

通常情况下，人们不太重视出生日期到底是哪一天，但是在有些特定的情形下，出生日期对我们而言非常重要，有时差一天也不行。比如本案中易某夫妇的女儿易小美遇到的问题，因为医院的出生证明和户口簿上登记的出生日期差一天，在我国现有规定下，这一天之差会导致易小美升入小学的时间往后推一年，此时这一天之差就是一年之差。因此，每个人都应当重视自己的出生日期，如果碰到出生证明和户口登记簿上记录不一样的情况，最好尽快到相关部门进行更正，以免将来遇到不必要的麻烦。

62. 非婚生子女办理户口需要什么材料？

家庭场景

2015年，米某通过网络聊天认识了

邬某，谎称自己未婚后与其发展为恋人关系，不久二人便同居一起生活。2016年，邬某发现自己怀孕后提出结婚，米某以邬某还未到法定年龄以及自己目前没有能力养活邬某和孩子为由劝邬某做了人工流产手术，并发誓等自己有钱了一定娶邬某为妻。2017年，邬某发现米某在老家竟然有妻子和孩子，遂提出分手，但此时发现自己已怀孕一个多月。邬某本想去医院做流产手术，但是医生告知其身体本身就不容易受孕，加上上次人工流产手术后恢复得不好，已经不适合再做人工流产，否则容易造成不孕的后果。心灰意懒的邬某与米某分手后于2018年1月产下一女，现在准备为其女办理户口。

法律疑点

非婚生子女办理户口需要什么材料？

法律分析

一般来讲，子女办理户口需要提供父母的书面申请、居民户口簿、出生医学证明、社会抚养费缴纳证明。如果无法取得出生医学证明，需要提供亲子关系鉴定书等证明材料。

我国《婚姻法》第二十五条第一款规定，非婚生子女享有与婚生子女同等的权利，任何人不得加以危害和歧视。因此，非婚生子女可以随父母一方报户口，孩子的父亲或母亲可持子女的出生医学证明、本人身份证、户口簿等，到户口所在地的派出所申请办理孩子的出生登记。如果没有出生医学证明，随父报生的，需提交亲子鉴定；随母报生的，需要提交母亲产前医院检查、分娩记录、出院小结等凭证或亲子鉴定证明，然后到派出所申请办理出生登记，即报户口。

然而，在非婚生子女上户口的问题上，具体解决方法各地有所不同。就目前来讲，全国大多数省区市依据我国《人口与计划生育法》第四十一条第一款的规定，对非婚生子女征收一定金额的社会抚养费。而且为了落实社会抚养费的征收，许多地方将户口登记与社会抚养费相挂钩，即对于需要缴纳社会抚养费者而言，未提交社会抚养费收据，不予办理新生儿户口登记。

本案中的邬某应当准备书面申请、户口簿、出生医学证明、社会抚养费缴纳证明。如果无法取得出生医学证明，需要提供亲子关系鉴定书等证明材料。

条文链接

《中华人民共和国婚姻法》

第二十五条第一款　非婚生子女享有与婚生子女同等的权利，任何人不得加以危害和歧视。

《中华人民共和国人口与计划生育法》

第十八条　国家提倡一对夫妻生育两个子女。

符合法律、法规规定条件的，可以要求安排再生育子女。具体办法由省、自治区、直辖市人民代表大会或者其常务委员会规定。

少数民族也要实行计划生育，具体办法由省、自治区、直辖市人民代表大会或者其常务委员会规定。

夫妻双方户籍所在地的省、自治区、直辖市之间关于再生育子女的规定不一致的，按照有利于当事人的原则适用。

第四十一条第一款 不符合本法第十八条规定生育子女的公民，应当依法缴纳社会抚养费。

人生启示

在一切都与户籍绑定的中国，户口是一个人生存发展的基本，没有户口，几乎无法立足。因此，上户口是一种基本权利，非婚生子女和婚生子女应当同等享有此项权利。但让人感到痛心的是，当下不少地方仍歧视非婚生子女，不给其办理户口或是在办理户口时百般刁难，使得非婚生子女这一特殊群体遭受着世人的白眼和欺凌，这对他们的健康成长是十分不利的。我们在此呼吁社会，不要将父母的责任转嫁到无辜的子女身上。

63. 6岁的儿童可以接受价值千万元的别墅赠与吗？

家庭场景

包某白手起家，经过几十年的辛苦打拼成为包氏集团的董事长。包某育有一子包甲和一女包乙，包甲育有一子包小凡，包乙育有三女。由于包小凡是家里的独孙，且聪明活泼，深受包某的喜爱。2018年3月3日，是包小凡6岁的生日，包某当众宣布将自己名下一套价值千万元的别墅赠与包小凡作为生日礼物。后来，包某于2018年4月1日因急性心梗去世，未留下遗嘱，也未来得及帮包小凡办理别墅的过户手续。家人处理完包某的后事，开始商量遗产分割事宜，此时包乙提出包小凡才6岁，是无民事行为能力人，因此包某对包小凡的赠与是无效的，别墅应当作为遗产进行分割。

法律疑点

6岁的儿童可以接受价值千万元的别墅赠与吗？

法律分析

6岁的儿童可以接受价值千万元的别墅赠与。

我国《民法总则》虽然规定不满8周岁的未成年人为无民事行为能力人，由其法定代理人代理实施民事法律行为。但同时，《最高人民法院关于贯彻执行〈中华人民共和国民法通则〉若干问题的意见（试行）》第六条中明确规定，无民事行为能力人、限制民事行为能力人接受奖励、赠与、报酬，他人不得以行为人无民事行为能力、限制民事行为能力为由，主张以上行为无效。因此，不论赠与物品价值的大小，无民事行为能力人均可以接受赠与。

我国法律根据不同年龄和智力状态赋予公民不同的民事行为能力，而具有不同的行为能力实施的法律行为后果也是不同的。在我国，已满18周岁的自然人为完全民事行为能力人，可以独立行使民事法律行为；不满8周岁的人为无民事行为能力人，需要由其法定代理人代理实施民事法律行为；而已满8周岁、未满18周岁的为限制民事行为能力人，实施民事法律行为由其法定代理人代理或者经其法定代理人同意、追认，但是可以独立实施纯获利益的民事法律行为或者与其年龄、智力相适应的民事法律行为。

本案中，包小凡虽然是无民事行为能力人，但是他可以接受包某价值千万元的别墅赠与。

条文链接

《中华人民共和国民法总则》

第十七条　十八周岁以上的自然人为成年人。不满十八周岁的自然人为未成年人。

第十八条　成年人为完全民事行为能力人，可以独立实施民事法律行为。

十六周岁以上的未成年人，以自己的劳动收入为主要生活来源的，视为完全民事行为能力人。

第十九条　八周岁以上的未成年人为限制民事行为能力人，实施民事法律行为由其法定代理人代理或者经其法定代理人同意、追认，但是可以独立实施纯获利益的民事法律行为或者与其年龄、智力相适应的民事法律行为。

第二十条　不满八周岁的未成年人为无民事行为能力人，由其法定代理人代理实施民事法律行为。

《最高人民法院关于贯彻执行〈中华人民共和国民法通则〉若干问题的意见（试行）》

6.无民事行为能力人、限制民事行为能力人接受奖励、赠与、报酬，他人不得以行为人无民事行为能力、限制民事行为能力为由，主张以上行为无效。

人生启示

很多读者不清楚民事权利能力和民事行为能力的区别，简单来说，民事权利能力自公民出生时就有，是人，就有民事权利能力。而民事行为能力则与公民的年龄和智力状况直接相关，不同的年龄、智力状态的公民，其民事行为能力是不同的，相应地，实施的法律行为效果也是不同的。

64. 未成年人的监护人如何确定？

家庭场景

侯某夫妇在一次交通事故中身亡，他们8岁的独子小侯幸免于难。为办理交通事故赔偿事宜，侯某所在的村委会指定侯某的弟弟侯甲为小侯的监护人。小侯的姥姥姥爷认为侯甲是在打侯某夫妇赔偿金的主意，并非真心抚养小侯，于是以二人有抚养能力，且依照农村习俗，外祖父母比叔伯更亲近为由，要求担任小侯的监护人。而侯甲则认为小侯与自己本来就是一个村的，一起生活更能适应原来的生活，且自己比小侯的姥姥姥爷年轻，有更多的精力照顾小侯，由自己担任小侯的监护人更为合适。双方因此发生争执，村委会从小侯那里了解到小侯愿意跟随外祖父母一起生活。

法律疑点

未成年人的监护人如何确定？

法律分析

未成年人的父母已经死亡或者没有监护能力的，依照法律规定从具有监护资格的人之间，根据“对被监护人有利”的原则确定具体监护人。

我国《民法总则》第二十七条明确规定，父母是未成年子女的监护人，未成年人的父母已经死亡（未通过遗嘱指定监护人）或者没有监护能力的，由下列有监护能力的人按顺序担任监护人：（一）祖父母、外祖父母；（二）兄、姐；（三）其他愿意担任监护人的个人或者组织，但是须经未成年人住所地的居民委员会、村民委员会或者民政部门同意。当然，依法具有监护资格的人之间可以协议确定监护人，对监护人的确定有争议的，由被监护人住所地的居民委员会、村民委员会或者民政部门指定监护人，有关当事人对指定不服的，可以向人民法院申请指定监护人；有关当事人也可以直接向人民法院申请指定监护人。当然，协议时或者指定监护人时，如果被监护人有识别能力的，还应征求其意见。

总之，确定未成年人监护人时应遵循以下三个原则：第一，必须有作监护人的主体资格和能力；第二，在数人都具有主体资格和能力时，可自行协商，协商不成时按《民法总则》规定的顺序加以确定；第三，在同一顺序中的数人都有监护资格并都要做监护人时，要按对被监护人有利的原则和是否有抚养关系来加以考虑。同时，被监护人有识别能力的，还应征求其意见。如果没有依法具有监护资格的人的，监护人由民政部门担任，也可以由具备履行监护职责的被监护人住所地的居民委员会、村民委员会担任。

本案中，小侯的姥姥姥爷的监护顺序排在侯甲之前，且小侯已年满8周岁，已经具有一定的辨认能力，在其表示愿意跟随外祖父母生活的情况下，由其姥姥姥爷担任他的监护人更为合适。

条文链接

《中华人民共和国民法总则》

第二十七条 父母是未成年子女的监护人。

未成年人的父母已经死亡或者没有监护能力的，由下列有监护能力的人按顺序担任监护人：

（一）祖父母、外祖父母；

（二）兄、姐；

（三）其他愿意担任监护人的个人或者组织，但是须经未成年人住所地的居民委员会、村民委员会或者民政部门同意。

第二十九条　被监护人的父母担任监护人的，可以通过遗嘱指定监护人。

第三十条　依法具有监护资格的人之间可以协议确定监护人。协议确定监护人应当尊重被监护人的真实意愿。

第三十一条　对监护人的确定有争议的，由被监护人住所地的居民委员会、村民委员会或者民政部门指定监护人，有关当事人对指定不服的，可以向人民法院申请指定监护人；有关当事人也可以直接向人民法院申请指定监护人。

居民委员会、村民委员会、民政部门或者人民法院应当尊重被监护人的真实意愿，按照最有利于被监护人的原则在依法具有监护资格的人中指定监护人。

……

第三十二条　没有依法具有监护资格的人的，监护人由民政部门担任，也可以由具备履行监护职责条件的被监护人住所地的居民委员会、村民委员会担任。

人生启示

未成年人的监护人，是对未成年人的人身、财产和其他合法权益负有监督和保护责任的人，监护人确定得是否恰当往往关系到未成年人的权益能否得到有效保护。因此，在监护权有争议的情况下，有关部门应当从“保障未成年人的合法权益、有利于未成年人健康成长”的原则出发，综合考虑抚养权争议方的抚养能力以及抚养条件，确定未成年人的具体监护人。当然，如果监护人不履行监护职责或者侵害被监护人合法权益，是要承担相应法律责任的。

65. 被收养人应当符合哪些条件？

家庭场景

满某36岁，结婚已经10年，未生育子女。刚结婚的头几年，由于夫妻二人忙于各自的事业，遂商量等二人事业稳定后再要孩子。终于，二人共同奋斗五年后，在北京买了一套房子，随后满某便开始备孕，但备孕两年也未能自然受孕。无奈之下，二人做了试管婴儿手术，但做了几次也没成功。满某夫妇眼见自己的年纪越来越大，经济条件还不错，且各方面也符合收养人条件，于是决定收养一名女孩当女儿，但考虑到二人的年纪已经不适合抚养幼儿，所以想收养年纪稍微大点的孩子。满某见妹妹为了生儿子已经生育3个女儿，便想收养其11岁的女儿小梅。

法律疑点

被收养人应当符合哪些条件？

法律分析

不满14周岁的丧失父母的孤儿、查

找不到生父母的弃婴和儿童、生父母有特殊困难无力抚养的子女可以被收养。同时，收养年满10周岁以上未成年人的，应当征得被收养人的同意。收养三代以内同辈旁系血亲的子女，可以不受生父母有特殊困难无力抚养子女、被收养人不满14周岁的限制。

我国《收养法》第四条规定，下列不满14周岁的未成年人可以被收养：（一）丧失父母的孤儿；（二）查找不到生父母的弃婴和儿童；（三）生父母有特殊困难无力抚养的子女。同时，收养人收养与送养人送养，须双方自愿。收养年满10周岁以上未成年人的，应当征得被收养人的同意。另外，该法还规定，收养三代以内同辈旁系血亲的子女，可以不受生父母有特殊困难无力抚养子女、被收养人不满14周岁的限制。

之所以将被收养人限制为未成年人，是出于有利于在收养人和被收养人之间建立和培养感情方面的考虑。而对于10周岁以上的未成年人已经初步具备判断、辨明一些事务的能力，故收养他们时应当取得其同意，这样才能更好地建立和睦的养父母子女关系。

本案中，小梅作为满某的外甥女，符合被收养的条件，但是如果满某想收养小梅作养女，需经小梅本人同意。

条文链接

《中华人民共和国收养法》

第四条 下列不满十四周岁的未成年人可以被收养：

（一）丧失父母的孤儿；

（二）查找不到生父母的弃婴和儿童；

（三）生父母有特殊困难无力抚养的子女。

第七条 收养三代以内同辈旁系血亲的子女，可以不受本法第四条第三项、第五条第三项、第九条和被收养人不满十四周岁的限制。

华侨收养三代以内同辈旁系血亲的子女，还可以不受收养人无子女的限制。

第十一条 收养人收养与送养人送养，须双方自愿。收养年满十周岁以上未成年人的，应当征得被收养人的同意。

人生启示

收养孩子可以使一些没有孩子的夫妻享受到做父母的乐趣，同时使一些失去父母的孩子得到父母的关爱，进而在养父母的抚育下健康成长。但根据我国法律规定，自收养关系成立之日起，养子女与养父母及其近亲属间成立等同于生父母及近亲属的权利义务关系，而养子女与生父母及其他近亲属间的权利义务关系，因收养关系的成立而消除。正是因为收养的行为可以对当事人的人身关系和民事权利义务产生巨大的影响，所以法律对于收养行为一般均规定比较严格的条件。当然，收养是一种拟制血亲关系的行为，可以依法成立，也可以依法解除。

66. 收养人应具备的条件有哪些？

家庭场景

温某和柴某大学期间恋爱，二人感情一直很好，毕业后便登记结婚。经过三年的辛苦打拼，二人凭借自己的努力买了一套小面积的房子，就在此时柴某怀孕了，二人为了给宝宝一个稳定的生活环境，立即对房子进行了装修。当时二人觉得自己都年轻，抵抗力强，所以装修完就直接住进去了。后来在胎儿7个多月的时候，柴某经常肚子疼，结果去医院一检查，医生告知二人宝宝已经死亡。无奈，柴某做了引产手术，但从那以后柴某就一直没能再怀孕。10年后，夫妻二人决定领养个孩子。

法律疑点

收养人应具备的条件有哪些？

法律分析

我国《收养法》对收养人的年龄、生育情况、身体健康状况、抚养教育能力及夫妻双方是否一致同意收养等方面作了限制。

根据我国《收养法》第六条、第八条和第十条的规定，收养人应当同时具备下列条件：（一）收养人必须年满30周岁且无子女；（二）收养人必须有抚养教育被收养人的能力；（三）收养人必须未患有在医学上认为不应当收养子女的疾病；（四）有配偶者收养子女，必须夫妻共同收养；（五）收养人收养子女除孤儿、残疾儿童或者社会福利机构抚养的查找不到生父母的孩子外，只能收养一名子女。

当然，如果收养三代以内旁系血亲的，无配偶的男性收养女性的，不受收养人与被收养人须相差40周岁的限制。此外，华侨收养三代以内同辈旁系血亲的，即使有子女，且不止一个子女，也可以作为收养人，如果属于无配偶的男性收养女性的，同样不受收养人与被收养人须相差40周岁的限制。收养人对被收养人的成长具有很大影响，为了确保被收养人能够健康成长，《收养法》对收养人的资格作出了明确而具体的规定，这些规定充分保证了收养行为的健康、规范化运行。

本案中，如果温某夫妻二人具有抚养教育孩子的能力，且未患有医学上认为不应当收养子女的疾病，就可以收养一名符合条件的儿童作为自己的子女。

条文链接

《中华人民共和国收养法》

第六条　收养人应当同时具备下列条件：

（一）无子女；

（二）有抚养教育被收养人的能力；

（三）未患有在医学上认为不应当收养子女的疾病；

（四）年满三十周岁。

第八条 收养人只能收养一名子女。

收养孤儿、残疾儿童或者社会福利机构抚养的查找不到生父母的弃婴和儿童，可以不受收养人无子女和收养一名的限制。

第九条 无配偶的男性收养女性的，收养人与被收养人的年龄应当相差四十周岁以上。

第十条 生父母送养子女，须双方共同送养。生父母一方不明或者查找不到的可以单方送养。

有配偶者收养子女，须夫妻共同收养。

人生启示

需注意的是，收养关系一旦成立，收养人和被收养人之间即建立起拟制的直系血亲关系，收养人在被收养人成年以前，不得随意解除收养关系。如果收养人不履行抚养义务，有虐待、遗弃等侵害未成年养子女合法权益行为的，送养人有权要求解除养父母与养子女间的收养关系，除此之外，收养人还应当承担相应的法律责任。

67. 夫妻一方可以擅自将子女送养吗？

家庭场景

程某和左某经人介绍相识，并于2014年10月登记结婚。婚后第二年，左某产下一对龙凤胎。本来这是一件值得高兴的事，可是程某夫妇都在农村务农，没有其他收入来源，且程某的父母常年患病，因此程某就动了将女儿送养给他人的念头，但一想到左某肯定不同意，遂放弃这个念头。2017年12月，程某和左某因钱发生争执，程某情急之下打了左某，左某盛怒之下提出离婚，将孩子丢给程某后回了娘家。两个月后，左某想着马上就过春节了，想回家去看看孩子顺便给孩子置办点新衣服，到家才得知程某竟然已经把女儿送人了。左某十分气愤，大哭大闹，逼着程某说出收养女儿之人的地址并找到了收养人想要回孩子，但是收养人拒绝了。

法律疑点

夫妻一方可以擅自将子女送养吗？

法律分析

亲生父母送养子女，必须经过夫妻双方同意，夫妻一方欺诈或隐瞒另一方完成的送养行为不发生法律效力，另一方可以依法要求撤回。只有在孩子生父母一方不明或者查找不到的，另一方才可以单独决定孩子的送养。

我国《收养法》第五条规定，因家庭有特殊困难无力抚养子女的生父母可以作为送养人将子女送给他人抚养，但同时第十条规定，生父母送养子女，只有在孩子生父母一方不明或者查找不到的，另一方才可以单独决定孩子的送养，除此之外必须由双方共同送养。可见，生父母送养子女时，必须双方协商一致共同送养，否则，送养行为不发生法律效力。

《收养法》规定了符合法定条件的生父母可以将亲生子女送养给他人抚养，这是为了使未成年人拥有健康的生活环境，能够顺利成长，同时也是解决生父母家庭生活困难的无奈之举。但同时该法又对生父母送养子女的行为予以明确限制，即生父母送养子女时，必须双方协商一致同意送养，包括离婚后抚养子女的一方不得擅自决定送养子女，否则，送养行为不发生法律效力。

据此，本案中程某未经左某同意而单独将女儿送给他人收养的行为是无效的，左某可以依法要求撤回程某的送养行为。

条文链接

《中华人民共和国收养法》

第五条　下列公民、组织可以作送养人：

（一）孤儿的监护人；

（二）社会福利机构；

（三）有特殊困难无力抚养子女的生父母。

第十条　生父母送养子女，须双方共同送养。生父母一方不明或者查找不到的可以单方送养。

有配偶者收养子女，须夫妻共同收养。

人生启示

现实生活中，有的父母离婚后害怕日后再婚孩子成为自己的拖油瓶，遂单方决定将孩子送给他人抚养。法律如果允许这种送养行为发生，无疑使本就失去完整家庭的孩子再次受到伤害，这将很不利于未成年孩子的健康成长，所以法律规定生父母送养子女须双方一致同意。

68. 收养关系成立后，子女与亲生父母之间是什么关系？

家庭场景

钟某夫妻二人生活在偏远的农村，生育了两个女儿，生活十分拮据。但由于二人重男轻女的思想十分严重，为了能再生养一个男孩，钟某夫妇遂把小女儿钟乙送给不能生育子女的林某夫妇抚养，并办理了相关的收养手续。林某夫妇十分喜欢钟乙，把其当亲生女儿一样抚养，并供其读了名牌大学。钟乙大学毕业后，在城里找到一份令人羡慕的工作，随后便把林某夫妇接到城里居住，生活十分惬意。而没过多久，钟乙的生母找到钟乙，告知其生父近些年得了一场大病，卧床不起，而儿子不孝顺父母，另一个女儿对生父也是不闻不问，于是钟某夫妇便想到钟乙，在得知其经济条件不错时，想让她来照顾钟某。

法律疑点

收养关系成立后，子女与亲生父母之间是什么关系？

法律分析

收养关系自成立之日起，养子女与生父母及其他近亲属间的权利义务关系，因收养关系的成立而消除。

国家保护合法的收养关系，《收养法》第二十三条以及《婚姻法》第二十六条都明确了收养人、被收养人及被收养人生父母之间的权利义务关系，即自收养关系成立之日起，养父母与养子女间的权利义务关系，适用法律关于父母子女关系的规定；养子女与养父母的近亲属间的权利义务关系，适用法律关于子女与父母的近亲属关系的规定。养子女与生父母及其他近亲属间的权利义务关系，因收养关系的成立而消除。

也就是说，收养关系成立后，被收养人与收养人之间就自然产生了抚养、赡养、继承等相关的法定权利和义务，养父母成为子女的监护人，有抚养和教育未成年养子女的权利和义务，养子女在成年后也有义务赡养养父母。与此同时，养子女与生父母及其他近亲属间的相关法定权利义务关系自然消除，生父母不再是子女的监护人，无抚养教育子女的权利和义务，子女成年后也无赡养父母的义务。同时，养子女与养父母之间享有互相继承财产的权利，其与生父母之间不再享有互相继承财产的权利。

本案中，钟乙与生父母即钟某夫妇之间已经没有法律上的权利义务关系，其对生父母没有法定的赡养义务，同时其与生父母之间也无相互继承财产的权利。

条文链接

《中华人民共和国收养法》

第二十三条 自收养关系成立之日起，养父母与养子女间的权利义务关系，适用法律关于父母子女关系的规定；养子女与养父母的近亲属间的权利义务关系，适用法律关于子女与父母的近亲属关系的规定。

养子女与生父母及其他近亲属间的权利义务关系，因收养关系的成立而消除。

《中华人民共和国婚姻法》

第二十六条 国家保护合法的收养关系。养父母和养子女间的权利和义务，适用本法对父母子女关系的有关规定。

养子女和生父母间的权利和义务，因收养关系的成立而消除。

人生启示

收养关系一旦成立，被收养的子女和其生父母在血缘上来说还是父母和子女的关系，但是在法律上双方已经没有关系，相互间也没有法定的权利义务。当然，现实生活中也存在被收养的子女与生父母之间自愿承担相对权利义务的现象，这是属于公民道德的范畴，而法律对此也是不会干涉的。

69. 抚养亲友的子女属于收养吗？

家庭场景

梅甲的女朋友未婚产下一子，取名小强，但不久后其便将小强丢给梅甲跟网友私奔了。梅甲无奈，将儿子交给刚结婚的弟弟梅乙抚养，自己则外出打工去了。这一走就是七年，其间梅甲除了定期打些钱给梅乙作为小强的生活费外，只在每年过年时回家看望小强。梅乙夫妻见小强挺可怜的，便将小强视为己出，买什么都是双份，自己儿子一份，小强一份。有一天，梅甲突然回村找到梅乙，称自己在外打工时遇到了现在的妻子梁某，二人已经登记结婚，但梁某不能生育，所以要将小强接走跟自己生活。梅乙认为自己抚养小强这么久，小强已经是自己的养子，况且在自己抚养小强期间，梅甲除了给少量生活费外并未管过孩子，因此梅甲无权要回孩子。

法律疑点

抚养亲友的子女属于收养吗？

法律分析

孤儿或者生父母无力抚养的子女，可以由生父母的亲属、朋友抚养。抚养人与被抚养人的关系不适用收养关系。

根据我国《收养法》第十七条的规定，孤儿或者生父母无力抚养的子女，可以由生父母的亲属、朋友抚养。抚养人与被抚养人的关系不适用收养关系。这是因为，收养是变更人身权利义务关系的重要民事法律行为，而抚养是指对未成年人承担供养、保护和教育责任的行为。在抚养过程中，孩子与抚养人的亲戚关系不发生变化，所以这种情况下抚养人与被抚养人的关系不适用收养关系。

当然，抚养亲友的子女时如果依法办理了合法的收养手续又或者符合事实收养条件的，其抚养亲友子女的行为则应当认定为收养行为。我国法律虽然保护事实收养行为，但是要求满足下列条件：（1）收养当事人双方均须符合法律规定的条件；（2）收养人与被收养人相互间有扶养的事实并且公开承认其养父母养子女关系，以父母子女相称，同时为群众及有关组织所公认；（3）养子女与生父母在事实上已终止父母子女间的权利义务关系；（4）未曾办理收养公证或登记手续。

本案中，梅乙虽然像对亲生儿子一样抚养着哥哥的儿子小强，但二人之间没有办理法定的收养手续，也不符合事实抚养的条件，因此二人之间未形成收养关系。

条文链接

《中华人民共和国收养法》

第十七条　孤儿或者生父母无力抚养的子女，可以由生父母的亲属、朋友抚养。

抚养人与被抚养人的关系不适用收养关系。

人生启示

收养与抚养是不同的法律关系，收养关系成立后，收养人与被收养人之间形成生父母子女间的权利义务关系，被收养人与生父母及亲属间的权利义务关系因收养关系的成立而消除；而抚养关系并不变更双方的权利义务关系，即抚养人与被抚养人之间原有的人身关系不因抚养关系的成立而发生变化，双方不产生父母子女间的权利与义务。由于这种抚养不是以建立父母子女关系为目的，因此抚养人与被抚养人的关系不适用收养关系。现实生活中，帮忙照顾亲友子女的现象十分常见，但并不是任何帮他人照顾孩子的行为都能构成收养行为。因此，为避免出现上述案件中的矛盾，在帮亲友照顾孩子时，应当提前确认是抚养还是收养，如果是收养则应当办理合法的收养手续。

第八章

养老问题

70. 具有完全民事行为能力的老人是否可以为自己指定监护人？

家庭场景

70岁的赵某是某村的村民，以种地为生，他与妻子一共生育了两个孩子，一儿一女。现在孩子们已经在城里安家，并且日子过得都很红火，但是由于工作繁忙，很少回来看望他们，即使回来也只是待上一会儿就匆忙离去。前不久，赵某的老伴儿突发心脏病，由于救治不及时，不幸去世了。赵某寻思，孩子们都在城里，很少回来，于是想起自己的侄子赵甲，赵甲就住在自己房前，平时对自己非常照顾，老伴儿突发心脏病时还是赵甲送去医院的。因此，赵某打算，当自己卧床不起的时候，就让赵甲承担起对自己的监护职责。但赵某的子女得知后却坚决反对，认为赵某不能自己指定监护人。

法律疑点

具有完全民事行为能力的赵某可以为自己指定监护人吗？

法律分析

赵某可以为自己指定监护人。

根据我国《老年人权益保障法》第二十六条的规定，具备完全民事行为能力的老年人，可以在近亲属或者其他与自己关系密切、愿意承担监护责任的个人、组织中协商确定自己的监护人。监护人在老年人丧失或者部分丧失民事行为能力时，依法承担监护责任。老年人未事先确定监护人的，其丧失或者部分丧失民事行为能力时，依照有关法律的规定确定监护人。也就是说，具有完全民事行为能力的老年人可以根据自己的实际情况，事前为自己指定监护人，在自己丧失或部分丧失民事行为能力时，由该监护人承担相应的监护职责。但需要注意的是，被老年人指定的监护人必须是自愿的，而非老年人一厢情愿。

我国法律明确规定监护人制度，其根本目的在于更好地保障无民事行为能力人和限制民事行为能力人的人身和财产权益不受侵害。而监护人的主要职责就是保护被监护人的合法权益，并不得任意处理被监护人的财产。老年人作为一个受保护的特殊群体，在其仍具有完全民事行为能力的时候，完全可以根据自己的意愿指定自己将来的监护人，这从另一个角度来看，也是一种更好地保护老年人合法权益，让其安度晚年的方式。

在上面的案例中，赵某作为完全民事行为能力人，完全可以根据自己的意愿指定监护人，待自己丧失或者部分丧失民事行为能力时，由自己指定的监护人承担相应的监护职责。因此，根据法律的规定，赵某可以为自己指定监护人，其子女的反对是无效的。

条文链接

《中华人民共和国老年人权益保障法》

第二十六条 具备完全民事行为能力的老年人，可以在近亲属或者其他与自己关系密切、愿意承担监护责任的个人、组织中协商确定自己的监护人。监护人在老年人丧失或者部分丧失民事行为能力时，依法承担监护责任。

老年人未事先确定监护人的，其丧失或者部分丧失民事行为能力时，依照有关法律的规定确定监护人。

人生启示

在子女成年之前，父母是其法定监护人；当父母年老后，子女也会成为父母的法定监护人。但是，有些子女因某种原因无法担任父母的监护人，因此为了保障老年人的合法权益，我国法律明确规定，具有完全民事行为能力的年老的父母，可以根据自己的实际情况，为自己指定能够履行监护职责的人。

71. 父母与自己断绝关系的，可以拒绝履行对父母的赡养义务吗？

家庭场景

钱某和妻子都是国企的退休职工，育有一子。前几年，钱某的儿子小钱染上了赌博的恶习，不仅把自己的钱输光了，还把钱某和妻子养老的钱也输光了。为此，钱某十分生气，决定与儿子小钱断绝父子关系，之后他们父子几乎没有任何联系。最近几年，小钱逐渐意识到赌博的危害，慢慢地戒掉了赌瘾，并找了一份工作，开始了自己的正常生活。而钱某自从与小钱断绝关系后，身体就一直不好，最近又因脑梗瘫痪在床，生活不能自理；小钱的母亲身体也不好，无法很好地照顾老伴。所以，他们希望小钱能够照顾他们。但是小钱却称，父亲已经声明与自己断绝父子关系，所以自己就再也没有赡养他们的义务。

法律疑点

钱某声称与儿子小钱断绝父子关系，小钱可以以此为由拒绝赡养父母吗？

法律分析

小钱不能以钱某与其断绝父子关系为由拒绝履行赡养父母的义务。

根据我国《婚姻法》第二十一条的规定，父母对子女有抚养教育的义务；子女对父母有赡养扶助的义务。父母不履行抚养义务时，未成年的或不能独立生活的子女，有要求父母付给抚养费的权利。子女不履行赡养义务时，无劳动能力的或生活困难的父母，有要求子女付给赡养费的权利。父母与子女的关系是一种自然的血缘关系，它不会因为人为的因素消除或者改变，除非因为死亡或者子女被他人收养而终止。因此，父母与子女之间所谓的断绝关系声明，根本无法解除双方之间的关系，父母仍对未成年的子女有抚养教育的义务，而子女对年老的父母有赡养扶助的义务。

法律明确规定了父母与子女之间的关系只能因死亡或子女被他人收养的情况而终止，否则任何原因都无法隔断父母与子女的自然的血缘关系，这样规定能够更好地保护未成年人或者老年人的合法权益，让其能够有一个幸福的童年或者晚年；并且血缘关系是自然形成的，法律在尊重其自然性的基础上，设定权利义务关系，其目的是能够更好地促进双方之间的亲情关系，使之达到一种自然和谐的状态。

在上面的案例中，父亲钱某之所以与儿子小钱断绝关系，是因为小钱赌博成瘾让父亲很生气，一气之下才冲动决定，根本不具有法律效力。因此，根据法律规定，现在钱某已经年老，而儿子小钱具有赡养的能力，应对其父母履行赡养扶助的义务。

条文链接

《中华人民共和国婚姻法》

第二十一条　父母对子女有抚养教育的义务；子女对父母有赡养扶助的义务。

父母不履行抚养义务时，未成年的或不能独立生活的子女，有要求父母付给抚养费的权利。

子女不履行赡养义务时，无劳动能力的或生活困难的父母，有要求子女付给赡养费的权利。

禁止溺婴、弃婴和其他残害婴儿的行为。

人生启示

父母对未成年子女具有抚养教育的义务，子女对年老的父母具有赡养扶助的义务，这两种义务，都是法定的，不得以任何理由推卸。如果子女不履行赡养义务，无生活能力的父母有权要求子女给付赡养费。在我们年幼的时候，父母给了我们最伟大的爱，含辛茹苦地将我们抚养成人；当父母年老走不动路的时候，我们也应像父母那样，将自己的爱无私地奉献给他们。

72. 子女可否以放弃继承权为由拒绝赡养父母？

家庭场景

李某六十有余，与妻子共同养育了两个儿子。前几年，妻子因突发心脏病抢救无效去世。妻子去世后，李某自己就一直居住在农村老家，以种地为生。最近，李某身体越来越差，行动有些不方便，因此想让两个儿子为自己养老。而李某的两个儿子李大、李二均居住在城里，平时很少回去看他。并且李大一直认为自己母亲的去世都是因为父亲的疏忽大意，所以怀恨在心，对李某一直不闻不问。现在李某需要人照顾了，李大称，李某死后自己不会要李某的一分钱，当然也不会给他养老。李二虽然没有说什么，但也只是找了个保姆照看李某，自己偶尔才回去看望一下。为此，李某十分苦恼。

法律疑点

李某的大儿子李大可否以放弃继承权为由拒绝赡养李某？

法律分析

李某的大儿子李大不能以放弃继承权为由拒绝赡养李某。

根据我国《老年人权益保障法》第十九条第一款的规定，赡养人不得以放弃继承权或者其他理由，拒绝履行赡养义务。承担赡养父母的责任是成年子女应尽的法定义务，任何人不得以任何理由推卸。当父母年老多病丧失劳动能力时，子女应当悉心照料父母。当父母生病时，子女应带其及时就医，并承担医疗费用等。子女承担赡养父母的义务，就如同父母承担抚养未成年子女的义务一样，属于法律规定的强制性义务，任何人不得以任何理由推脱。因此，子女不得以放弃继承权或者其他借口为理由，拒绝履行赡养年老父母的义务。

但在现实生活中，有些子女在思想上认为赡养父母无非就是可以得到父母去世后留下的遗产，或者认为父母生活条件比自己还好，不需要自己的赡养，因此自己只要放弃继承权就没有必要赡养父母，甚至拒绝赡养父母。为此，我国法律明确规定，子女不得以放弃继承权或者其他理由拒绝赡养父母。法律之所以这样要求，也是为了保障老年人能够有个安定的晚年。

在上面的案例中，李某的大儿子李大虽然声明放弃对李某遗产的继承权，但是其对李某的赡养义务并没有因此而消失。我国法律明确规定，子女不得以放弃继承权为由，拒绝履行赡养父母的义务。因此，即使李大在分割李某遗产时真的放弃继承权，在李某在世期间，他也仍有赡养李某的义务。所以，李某的大儿子李大不得以放弃继承权为由拒绝赡养李某。

条文链接

《中华人民共和国老年人权益保障法》

第十九条第一款 赡养人不得以放弃继承权或者其他理由，拒绝履行赡养义务。

人生启示

我们可以放弃应享受的权利，但不可以拒绝履行应尽的义务。父母抚养教育未成年子女是其应尽的法定义务。作为父母，不得遗弃子女。同样，子女赡养扶助年老的父母也是其应尽的法定义务，不得以任何理由拒绝履行。作为子女，不论父母做过怎样让自己伤心的事情，我们都应以包容的心态去面对他们，因为他们毕竟把我们含辛茹苦地养育成人。在父母年老、无生活能力的时候，凡有赡养能力的子女，都应履行对父母的赡养义务，在经济上供养、生活中照料、精神上慰藉，让其能够安度晚年。

73. 子女常年不回家的，父母可以依据哪部法律要求其常回家看望？

家庭场景

周大爷年轻的时候家里一贫如洗，好不容易在30岁时娶了老伴儿吴大妈，后生育了一儿一女。为了能够改善生活条件，让孩子们有个好的出路，两人辛苦一辈子，将孩子都培养成了大学生。后来，儿女都在城市里找到工作安了家，日子过得很红火。前些年，周大爷和吴大妈身子骨还算硬朗，就在农村老家种着几亩地，孩子们找点儿时间就回来住几天，老两口儿的日子倒也过得非常舒心。但最近几年，孩子们的工作越来越忙，孙子孙女的学业也越来越重，回来探望他们的时间越来越少，有时甚至过年都不回来，只是偶尔打个电话问候一声。随着年龄的增长，周大爷和老伴儿对子女的思念越来越重，吴大妈为此还生过一场大病，身子骨儿也越来越不如从前。

法律疑点

周大爷和吴大妈可以要求子女定期回家探望自己吗？该要求有法律依据吗？

法律分析

周大爷和吴大妈可以要求子女定期回家探望自己，而法律依据就是我国新修订的《老年人权益保障法》。

根据我国《老年人权益保障法》第十八条的规定，家庭成员应当关心老年人的精神需求，不得忽视、冷落老年人。与老年人分开居住的家庭成员，应当经常看望或者问候老年人。用人单位应当按照国家有关规定保障赡养人探亲休假的权利。也就是说，“常回家看看”已经不再停留在道德要求的层面，法律也对此作出了明确的规定。子女在赡养父母时，不仅要保障其必要的生活物质需求，还要在精神层面满足老人们的需求。对于与老年人分开居住的子女，要经常回家看望或者问候老人；而用人单位也应该按照法律规定保障赡养人探亲休假的权利。

2012年12月修订的《老年人权益保障法》，标志着“常回家看看”正式写入法律。在此之前，部分子女只是在物质上满足父母的需求，很少去真正地关心父母的精神生活。为了保障老年人能够有个安定幸福的晚年生活，我国法律将道德层面的“常回家看看”提到了法律层面，强制要求子女定期看望或问候父母，满足老年人晚年生活的精神需求。因此，老年人可以凭借此法规定要求子女回家探望自己。

在上面的案例中，周大爷的子女虽然在物质上满足了周大爷和吴大妈的要求，但因为工作繁忙，无法时常看望自己的父母，致使其精神层面无法得到满足。为此，根据法律的规定，周大爷和吴大妈可以要求子女定期来探望或问候自己。

条文链接

《中华人民共和国老年人权益保障法》

第十八条 家庭成员应当关心老年人的精神需求，不得忽视、冷落老年人。

与老年人分开居住的家庭成员，应当经常看望或者问候老年人。

用人单位应当按照国家有关规定保障赡养人探亲休假的权利。

人生启示

现在保障老年人的精神需求，已经不再停留在道德要求的层面，也是法律的要求。我国法律已经明确规定，与老年人分开居住的子女，应经常看望或问候老年人。随着我国养老保障制度的不断完善，大多数老年人的物质生活都已经得到保障。在物质需求得到基本满足后，老年人对精神慰藉的要求越来越突出。作为子女，我们不但要使老年人的物质生活得到满足，还要满足老年人的精神需求，使老年人能够真正安享晚年。

74. 赡养老人时，只要满足其物质生活就可以吗？

家庭场景

郑大爷是国企退休职工，老伴儿是高中退休教师，老两口儿平时的退休金足够他们日常开销。郑大爷和老伴儿育有两个儿子，大儿子是一家公司的董事长，平时工作很忙；二儿子是一家私企的高级白领，工作也很忙。为了不耽误孩子们的工作，郑大爷和老伴退休之后，就回到农村老家养老。不过最近几年，郑大爷的老伴儿身体越来越差，对孩子们的思念也越来越重，前不久，郑大爷专门带老伴儿回了一趟城去见两个儿子，结果两个儿子称工作太忙没时间，老两口儿白折腾了一趟。后来虽然两个儿子都送来不少保养品，还有一些现金。但在郑大爷和老伴儿心里，两个儿子的看望远比这些保养品和金钱更加珍贵。

法律疑点

郑大爷的儿子仅满足郑大爷和老伴儿的物质需求，就算尽到赡养义务吗？

法律分析

郑大爷的儿子虽然满足了郑大爷和老伴儿的物质需求，但其并没有完全尽到赡养父母的义务。

根据我国《老年人权益保障法》第十三条及第十四条的规定，老年人养老以居家为基础，家庭成员应尊重、关心和照料老年人的日常生活；并且赡养人在赡养老年人时，应履行对老年人经济上供养、生活上照料和精神上慰藉的义务，照顾老年人的特殊需要。由此可见，对老年人的赡养要全面，不仅要满足老年人对物质生活的需求，还要满足其对精神生活的需求。随着年龄的增长，老年人对物质生活的要求越来越低，反而更加注重精神层面的追求，所以子女在满足老年人物质要求的同时，更应注重满足老年人对精神生活的需求。这既是道德的要求，也是法律的要求。

赡养父母不仅是我国的传统美德，也是我们每一个子女应尽的法定义务。赡养父母时，子女不仅要满足父母对物质生活的需求，还要尽可能地满足父母在精神层面的要求。为此，我国法律明确规定，赡养人不仅要满足老年人的物质生活，还要在精神上给予慰藉。因为随着年龄的增加，老年人对物质生活的需求越来越少，他们希望子女能够给予更多的陪伴、关心和照料。

在上面的案例中，从表面来看，郑大爷的两个儿子很孝顺，让自己的父母衣食无忧，安享晚年生活；实际上，郑大爷的两个儿子只是履行了部分赡养义务，他们只关心父母的物质生活，忽略了郑大爷和老伴儿对精神生活的需求。因此，根据法律规定，郑大爷的两个儿子并没有尽到全面赡养义务。

条文链接

《中华人民共和国老年人权益保障法》

第十三条　老年人养老以居家为基础，家庭成员应当尊重、关心和照料老年人。

第十四条　赡养人应当履行对老年人经济上供养、生活上照料和精神上慰藉的义务，照顾老年人的特殊需要。

赡养人是指老年人的子女以及其他依法负有赡养义务的人。

赡养人的配偶应当协助赡养人履行赡养义务。

人生启示

随着社会养老保障制度的不断完善，无论是在农村还是在城市，大多数老年人的物质生活都有了保障。并且现在子女在赡养老人时，都会尽可能地满足父母对物质生活的需求。然而，在实际生活中，老人对精神上的需求远胜于物质需求。为此，法律明确规定，在赡养老人时，不仅要对老人经济上供养、生活上照料，还要在精神上慰藉。作为子女，我们不仅要尽到物质生活方面的赡养责任，还要承担起精神方面的赡养义务。

75. 孙子女是否对子女早已去世的祖父母负有赡养义务？

家庭场景

王奶奶80岁高龄，和老伴儿育有一子。早年间，老伴儿为了养家糊口去山西挖煤，结果由于矿井崩塌，被砸死了。王奶奶独自将儿子拉扯大。儿子结婚后，就和妻子到城里打工，后来生了一个女儿，日子过得也越来越红火。谁知天有不测风云，没过几年，儿子又被查出患有肝癌，儿媳为了给其筹钱治病到处奔波，后来也积劳成疾。在儿子去世后不久，儿媳也去世了，只留下一个10岁的孙女。儿子、儿媳去世后，王奶奶把孙女接到农村与自己居住，并供其上学。孙女长大后，到城市里找了一份稳定的工作，定居在城里。近几年，王奶奶的身体越来越差，生活几乎不能自理。她开始担心自己的养老问题，不知道以后谁能来照顾她。

法律疑点

像王奶奶这样的情况，王奶奶的孙女对王奶奶是否负有赡养的义务呢?

法律分析

王奶奶的孙女有义务赡养王奶奶。

根据我国《婚姻法》第二十八条的规定，有负担能力的祖父母、外祖父母，对于父母已经死亡或父母无力抚养的未成年的孙子女、外孙子女，有抚养的义务。有负担能力的孙子女、外孙子女，对于子女已经死亡或子女无力赡养的祖父母、外祖父母，有赡养的义务。也就是说，在孙子女、外孙子女的父母去世或丧失抚养能力之后，有抚养能力的祖父母、外祖父母对孙子女、外孙子女具有抚养义务；同样的道理，祖父母、外祖父母的子女去世或丧失赡养能力之后，具有赡养能力的孙子女、外孙子女对祖父母、外祖父母同样需要履行赡养的义务。

在现实生活中，并不是每一位老年人都有子女或者子女有赡养能力，那么对于那些子女无法尽赡养义务的老人来说，我们应该如何维护他们的合法权益？为此，我国法律不仅规定子女对老人具有赡养义务，还明确规定当子女丧失赡养能力的时候，孙子女、外孙子女应承担赡养其祖父母、外祖父母的责任。法律之所以这样规定，也是为了保障老年人能够有一个稳定安详的晚年，保障老年人的权益不受侵害。

在上面的案例中，王奶奶和老伴儿只有一个儿子，但不幸的是，王奶奶的儿子和儿媳因病去世，只留下一个10岁的女孩。从此，王奶奶与孙女相依为命。现在王奶奶体弱多病、行动不便，需要由他人赡养，根据法律规定，王奶奶的儿子去世后，具有赡养能力的孙女同样具有赡养的义务，应当承担起赡养王奶奶的义务。

条文链接

《中华人民共和国婚姻法》

第二十八条 有负担能力的祖父母、外祖父母，对于父母已经死亡或父母无力抚养的未成年的孙子女、外孙子女，有抚养的义务。有负担能力的孙子女、外孙子女，对于子女已经死亡或子女无力赡养的祖父母、外祖父母，有赡养的义务。

人生启示

抚养、赡养的义务不仅仅限于父母与子女之间，在某些特殊情况下，兄弟姐妹之间可能会相互成为扶养人；在子女去世或子女丧失赡养能力时，孙子女、外孙子女可能会成为祖父母、外祖父母的赡养人，承担起相应的赡养责任。无论是从道德角度，还是从法律规定方面来讲，家庭成员之间都应该相互照顾、扶持，依法履行自己应尽的抚养或赡养义务。

76. 帮老人照管的母牛产崽后，牛犊应当归谁所有？

家庭场景

韩老汉的老伴儿很早就去世了，留下韩老汉和三个儿子生活。韩老汉为了孩子们能够健康成长，一直没有再婚，一个人含辛茹苦地将三个孩子拉扯成人，后来三个儿子都成家立业，两个小儿子在城里，只剩下大儿子留在村里。虽然大儿子也在农村，但韩老汉并没有与其居住在一起，只是把所有的土地都给了大儿子耕种。韩老汉自己居住在老房子内，养了几头奶牛，平时靠卖牛奶维持日常开销。最近几年，韩老汉的身体越来越差，行动也越来越不方便。于是，韩老汉便将自己饲养的奶牛交给大儿子照管，同意将卖牛奶的钱交给大儿子处置。前不久，一头奶牛产下一头牛犊，大儿子两口子没有经过韩老汉的同意，私自将牛犊卖给邻村。韩老汉得知后很是气愤，向他们讨要牛犊。但大儿媳却称，奶牛是他们饲养的，其产下的牛犊也应属于他们。

法律疑点

韩老汉让大儿子帮忙照管的奶牛产崽后，牛犊应归谁所有？

法律分析

韩老汉让大儿子帮忙照管的奶牛产崽后，牛犊仍应归韩老汉所有。

根据我国《老年人权益保障法》第十七条的规定，赡养人有义务耕种或者委托他人耕种老年人承包的田地，照管或者委托他人照管老年人的林木和牲畜等，收益归老年人所有。也就是说，子女虽然有帮助父母或委托他人帮父母耕种田地、照管林木和牲畜等的义务，但其收益仍属于父母所有，而非子女个人所有。所以，当老人的耕地、林木和牲畜等产生收益后，子女应主动交由老人处理，不可任意处置。

赡养老人是我国的传统美德，更是我们每一个子女应尽的法定义务。当父母年老行动不便时，我们应该帮他们撑起一片天空，让他们能够有个幸福安定的晚年生活。父母年老后，我们可以帮助父母保管财物，但是并没有随意支配父母财物的权利，子女帮忙保管的财产及其收益都应由父母根据自己的意愿进行处置，这不仅是最基本的道德要求，也是我国法律的要求，这样规定完全是为了保障老年人的合法权益不受侵害，使其能够安度晚年。

在上面的案例中，韩老汉的大儿子作为其赡养人，有帮助韩老汉照管奶牛的义务，虽然韩老汉同意将卖牛奶的钱交由大儿子两口子处置，但是并没有说奶牛产下的牛犊也由大儿子两口子处置。因此，根据我国法律规定，韩老汉大儿子及大儿媳私自处置牛犊的行为已经违反了法律规定。

条文链接

《中华人民共和国老年人权益保障法》

第十七条 赡养人有义务耕种或者委托他人耕种老年人承包的田地，照管或者委托他人照管老年人的林木和牲畜等，收益归老年人所有。

人生启示

法律明确规定，子女应履行对老年人经济上供养、生活上照料和精神上慰藉的义务，照顾老年人的特殊需要。同时，法律规定，在老年人丧失劳动能力之后，子女对老年人的财产及收益具有管理的义务，但对于财产及收益的占有、使用、收益和处分的权利还是归老年人享有，子女不得以任何方式强行占有。作为子女，我们应该明确自己的权利和义务，尽自己最大的努力保障父母的权益不受侵害，同时也不能为了一己私欲而做出侵害父母权益的事情。

77. 成年子女盗窃父母钱财的行为违反法律规定吗？

家庭场景

陈大爷和老伴儿是某大学的退休教授，两个人每月的退休金就有一万多块钱。他们共育有一儿一女，女儿上完大学之后就公费出国留学，学业完成之后留在当地工作，现在已经成家立业；儿子大学毕业之后一直游手好闲、不务正业。陈大爷动用好多人脉关系，好不容易给他找了一份工作，让其能够养活自己。工作一段时间后，儿子找了一个对象，并结了婚。谁承想儿媳也是好吃懒做之人，整天就知道玩，根本不过日子，陈大爷和老伴儿为此十分苦恼。前不久，儿子又伸手向他们要钱，陈大爷一气之下，骂了他一顿，将他赶出了家门。当天下午，陈大爷和老伴儿从菜市场回来后发现放在家里的3万块钱没有了，且陈大爷老伴儿的一个金手镯也不见了，但门窗并没有被破坏的痕迹。后来，他们发现是儿子趁他们去买菜偷拿了。

法律疑点

陈大爷儿子偷拿他们财物的行为违反法律规定吗？

法律分析

陈大爷儿子偷拿他们财物的行为已经违反法律规定。

根据我国《老年人权益保障法》第二十二条第一款及第七十七条的规定，老年人对个人的财产，依法享有占有、使用、收益和处分的权利，子女或者其他亲属不得干涉，不得以窃取、骗取、强行索取等方式侵犯老年人的财产权益。

家庭成员盗窃、诈骗、抢夺、侵占、勒索、故意损毁老年人财物，构成违反治安管理行为的，依法给予治安管理处罚；构成犯罪的，依法追究刑事责任。也就是说，老年人对其个人财产享有绝对的支配权，任何人不得以任何方式任何理由侵犯老年人的财产权益。若家庭成员具有盗窃、诈骗、抢夺、侵占、勒索、故意毁损老年人财物的行为，都将受到法律的制裁，构成违反治安管理行为的，依法给予治安管理处分；构成犯罪的，依法追究刑事责任。

老年人作为需要保护的特殊群体，为了让他们的财产权益不受到非法侵害，我国明确规定，老年人依法有权处分自己的财产，任何人不得干预。当子女遇到困难时，父母会竭尽所能去帮助解决，但是若子女存在盗窃、诈骗、抢夺、侵占、勒索、故意损毁老年人财物的行为，将会被依法追究法律责任。

在上面的案例中，陈大爷在儿子有困难时，主动帮助他。但他儿子得寸进尺，在陈大爷拒绝给钱后，趁陈大爷和老伴儿不在家，偷拿陈大爷3万块钱和陈大爷老伴儿的金手镯，其行为已经构成犯罪，依照法律规定应当追究其刑事责任。

条文链接

《中华人民共和国老年人权益保障法》

第二十二条第一款　老年人对个人的财产，依法享有占有、使用、收益和处分的权利，子女或者其他亲属不得干涉，不得以窃取、骗取、强行索取等方式侵犯老年人的财产权益。

第七十七条　家庭成员盗窃、诈骗、抢夺、侵占、勒索、故意损毁老年人财物，构成违反治安管理行为的，依法给予治安管理处罚；构成犯罪的，依法追究刑事责任。

人生启示

家庭成员之间相互帮助、相互信任是理所应当的事情，父母对子女的爱护也是无私的，会尽自己所能帮助子女。但若子女存在盗窃、诈骗、抢夺、侵占、勒索、故意损毁老人财物的行为，老人不仅可以要求其赔偿，还可以依据法律追究其法律责任。作为子女，我们要懂得关心父母，尊重他们对个人财产的分配，不能为了一己私欲，而做出让父母寒心的事情。

78. 子女能够干涉父母再婚吗？

家庭场景

楚某六十有余，妻子在生儿子小楚的时候因为难产去世。妻子去世后，楚某本打算再婚，但一直没有遇到合适的，就一个人带着儿子小楚去广州打工。时间就这样慢慢地过去，小楚一年一年长大，后来考上了名牌大学，毕业后成功进入政府部门工作，没过几年就当上了科长，工作稳定，前几年也成了家。楚某心想自己的任务已经完成，总是跟着儿子住也不是那么回事。于是，楚某回到农村老家，种着几亩薄地。回老家后不久，有人给楚某介绍了与其年纪差不多的赵某。经过与赵某接触，楚某觉得挺合适。于是，楚某决定与赵某结婚，一起在老家居住。但当他通知儿子时，小楚却强烈反对，并称若再婚就不会再给他养老。

法律疑点

楚某再婚，儿子小楚有权干涉吗？

法律分析

楚某再婚，儿子小楚无权干涉。

根据我国《婚姻法》第三十条的规定，子女应当尊重父母的婚姻权利，不得干涉父母再婚以及婚后的生活。子女对父母的赡养义务，不因父母的婚姻关系变化而终止。而我国《老年人权益保障法》第七十六条也明确规定，干涉老年人婚姻自由，对老年人负有赡养义务、扶养义务而拒绝赡养、扶养，虐待老年人或者对老年人实施家庭暴力的，由有关单位给予批评教育；构成违反治安管理行为的，依法给予治安管理处罚；构成犯罪的，依法追究刑事责任。虽然老年人上了年纪，但同样享有婚姻自由权，子女不得以任何理由干涉；子女对老人的赡养义务也不会因为老人婚姻关系发生变化而终止。若子女为干涉老人婚姻，而拒绝赡养、虐待老人的，由有关单位给予批评教育，行为严重的，依法给予治安管理处罚，甚至追究刑事责任。

法律赋予每一位公民婚姻自由的权利，包括老年人。虽然老年人上了年纪，但同样拥有追求幸福婚姻的权利。为了保障老年人的婚姻自由，我国法律明确规定，父母再婚是受到法律保护的，子女不得干涉老年人的婚姻自由。若子女以拒绝赡养老人等方式干预老人婚姻，轻则由有关单位给予批评教育，重则受到法律的制裁。

在上面的案例中，楚某是否再婚完全应当依自己的意愿决定，其儿子小楚无权干涉。小楚以拒绝赡养父亲为由阻止父亲再婚，其行为已经违反我国的法律规定，应受到相应的法律制裁。而楚某依据法律规定，有权要求儿子小楚履行赡养义务。

条文链接

《中华人民共和国婚姻法》

第三十条 子女应当尊重父母的婚姻权利，不得干涉父母再婚以及婚后的生活。子女对父母的赡养义务，不因父母的婚姻关系变化而终止。

《中华人民共和国老年人权益保障法》

第七十六条 干涉老年人婚姻自由，对老年人负有赡养义务、扶养义务而拒绝赡养、扶养，虐待老年人或者对老年人实施家庭暴力的，由有关单位给予批评教育；构成违反治安管理行为的，依法给予治安管理处罚；构成犯罪的，依法追究刑事责任。

人生启示

法律明确规定婚姻自由，任何人不得强加干涉他人的婚姻自主权。父母不得干涉子女的婚姻自由，同样，子女也不得干涉父母的婚姻自由。作为子女，我们应该尊重父母的选择，当他们选择再婚，重新开始婚姻生活时，我们应该送上最为真挚的祝福，父母为我们操劳了一生，我们应尽最大努力保障他们晚年的幸福。

79. 子女为改变自己的居住环境，可以让父母搬到条件恶劣的房屋内居住吗？

家庭场景

魏某和老伴儿是某村的村民，一直以种地为生，两人膝下有两个女儿和一个儿子。早年，魏某的老伴儿突发脑血栓，为了给老伴治病，魏某花光了家里的所有积蓄，家里的日子也因此过得清贫起来。前几年，两个女儿都嫁人了，儿子也找了邻村的一个姑娘成了家，家里的负担骤然减轻了不少。儿子结婚后，魏某和老伴就一直跟着儿子生活在新房里，帮着他们照看孩子，耕种田地等。而现在魏某和老伴儿都上年纪了，老伴儿也因再次突发脑血栓瘫痪在床，不能帮他们干活了，结果儿子和儿媳开始对他们冷言冷语。前不久，儿子要求魏某和老伴儿搬到常年失修破烂的老房里居住，说现在孩子大了，房子不够住，并且三代人在一起居住环境太差了，他们需要改善一下。

法律疑点

以改善居住环境为由，魏某的儿子可以要求魏某和老伴儿搬到条件恶劣的老房里居住吗？

法律分析

魏某的儿子不能让魏某和老伴儿搬到条件恶劣的老房里居住。

根据我国《老年人权益保障法》第十六条的规定，赡养人应当妥善安排老年人的住房，不得强迫老年人居住或者迁居条件低劣的房屋。老年人自有的住房，赡养人有维修的义务。该法第七十七条也明确规定，家庭成员盗窃、诈骗、抢夺、侵占、勒索、故意损毁老年人财物，构成违反治安管理行为的，依法给予治安管理处罚；构成犯罪的，依法追究刑事责任。也就是说，子女在赡养老年人时，不仅要满足老年人对衣、食的需求，还要妥善安排老年人的住房。子女不得以任何条件，强迫老年人居住或迁居到条件恶劣的房屋里居住。如果子女因此对老年人的财物造成损害，行为触犯法律的，就需要承担相应的法律责任。

子女要为父母提供必要的物质生活条件，其中就包括住房条件。为了保障老年人的住房权益不受到侵害，我国法律明确规定，子女应妥善安排老年人的住房，不得以任何理由，强迫老年人居住或迁居到条件恶劣的房屋内。老年人作为弱势群体，在自己的权益受到侵犯时，很难有效地保护自己的合法权益。为此，我国法律在保护老年人权益方面作出了较为细致的规定。

在上面的案例中，魏某的儿子在魏某和老伴儿丧失劳动能力之后，以改善自己家人居住环境为由，强迫魏某和老伴儿迁居到常年失修、破烂不堪的老屋内居住，其行为不仅违反了道德，更是触犯了我国的法律。根据法律的规定，魏某儿子和儿媳的恶劣行为将受到法律的制裁。

条文链接

《中华人民共和国老年人权益保障法》

第十六条 赡养人应当妥善安排老年人的住房，不得强迫老年人居住或者迁居条件低劣的房屋。

老年人自有的或者承租的住房，子女或者其他亲属不得侵占，不得擅自改变产权关系或者租赁关系。

老年人自有的住房，赡养人有维修的义务。

第七十七条 家庭成员盗窃、诈骗、抢夺、侵占、勒索、故意损毁老年人财物，构成违反治安管理行为的，依法给予治安管理处罚；构成犯罪的，依法追究刑事责任。

人生启示

作为子女，在履行赡养义务时，不仅要保障老年人的衣、食，还要保障老年人的住房问题，父母辛苦了一辈子，我们不仅要让他们吃好穿暖，更应为他们提供一个好的生活环境，让其身心愉悦。

80. 老人被子女遗弃后，要通过何种途径维权呢？

家庭场景

沈某很小的时候母亲就去世了，一直跟着父亲沈老汉一起生活。前几年，沈某经人介绍认识了邻乡的姑娘顾某，并结了婚。沈老汉在沈某结婚之后就独自回到老房子生活，平日里帮着沈某照管田地，农闲时去县城里干点零活儿。但前年，沈老汉突患中风，生活不能自理。为了照顾沈老汉，沈某只能将其接到自己家中生活。刚开始，他们夫妻二人都能悉心照顾沈老汉，时间一长就开始有些不耐烦，不让沈老汉吃饱，且时常恶语相向。最近，沈某以给沈老汉看病为由，将其从家中接走，之后将沈老汉丢在距离沈某家9公里外的一个小树林里。三天之后，附近的村民经过树林时才发现了奄奄一息的沈老汉，并报了警。

法律疑点

沈老汉被儿子沈某丢弃之后，可以通过哪些途径维护自己的权益？

法律分析

沈老汉被儿子丢弃之后，可以向村

民委员会、法院提出请求，也可以向公安部门提出控告。

根据我国《婚姻法》第四十四条的规定，对遗弃家庭成员，受害人有权提出请求，居民委员会、村民委员会以及所在单位应当予以劝阻、调解。对遗弃家庭成员，受害人提出请求的，人民法院应当依法作出支付扶养费、抚养费、赡养费的判决。此外，我国《老年人权益保障法》第七十五条也明确规定，老年人与家庭成员因赡养发生纠纷，可以申请人民调解委员会或者其他有关组织进行调解，也可以直接向人民法院提起诉讼。也就是说，老年人被子女遗弃之后，可以向当地村委会、居委会或其他有关组织提出请求，以维护自己的合法权益，或是直接向法院提出申请，要求子女支付赡养费等必要费用。

子女赡养父母，既是道德的要求，更是法律的规定。如果子女不仅不尽心赡养老人，还虐待、遗弃老人，那么不但要受到道德的谴责，更要受到法律的制裁。为了保障老年人的合法权益不受非法侵害，使其能够有安定的晚年生活，法律明确规定，当子女存在遗弃、虐待老人的行为时，老年人可以向当地村委会、居委会、法院提出请求，以维护自己的合法权益。

在上面的案例中，沈某拒绝履行赡养父亲沈老汉的义务，并将其遗弃在小树林里，根据我国法律规定，沈某的行为已经构成遗弃罪，沈老汉可以向村委会、法院提出请求，也可以向公安机关提出控告，要求沈某履行赡养义务，承担相应的法律责任。

条文链接

《中华人民共和国婚姻法》

第四十四条 对遗弃家庭成员，受害人有权提出请求，居民委员会、村民委员会以及所在单位应当予以劝阻、调解。

对遗弃家庭成员，受害人提出请求的，人民法院应当依法作出支付扶养费、抚养费、赡养费的判决。

《中华人民共和国老年人权益保障法》

第七十五条第一款 老年人与家庭成员因赡养、扶养或者住房、财产等发生纠纷，可以申请人民调解委员会或者其他有关组织进行调解，也可以直接向人民法院提起诉讼。

人生启示

父母负有抚养未成年子女的义务，同样，子女也负有赡养父母的义务。当父母行动不便时，我们不仅要满足其对物质生活的需求，更要满足其对精神生活的需求。在现实生活中，有些子女觉得年老多病的父母是自己的负担，不好好赡养，甚至还会虐待、遗弃自己的父母。对此，老年人可以通过法律途径来维权。作为子女，我们应该尽自己最大努力去保障老人的晚年生活，就像在我们年幼时，他们尽最大努力给我们美好的童年生活一样。

第九章

遗产继承问题

81. 法定继承中的顺序应该怎样确定?

家庭场景

70岁的甲是某大学教授，退休在家安享晚年。甲的老伴儿早年因病离世，他们育有二子乙和丙。大儿子乙成年后，经人介绍认识了丁，两人迅速坠入爱河，不久后走入婚姻的殿堂，并生有一女戊。而小儿子丙一直未婚，一个人在外打工。后来，甲不幸中风，生活起居都很困难。因此，甲趁自己意识还清醒时立下一份遗嘱，决定其个人所有的房屋死后由大儿子乙继承。但是，大儿子乙在上班的路上发生了交通事故，经抢救无效后不幸死亡，甲陷入白发人送黑发人的悲痛之中。儿媳丁不忍心甲独自生活，把甲接到家里赡养，这让甲感动不已。一个月前，甲身患重病不幸离世，留下了房子和现金。现小儿子丙也回到家中，甲的家人因遗产继承问题产生了纠纷。

法律疑点

依据法律，应该按照怎样的顺序继承甲的财产呢?

法律分析

丙、丁、戊可以作为第一顺序继承人继承甲的财产。

我国《继承法》第十条和第十二条对法定继承的顺序有明确的规定。第一顺序继承人为配偶、子女、父母，第二顺序继承人为兄弟姐妹、祖父母、外祖父母。继承开始后，由第一顺序继承人继承，没有第一顺序继承人的，由第二顺序继承人继承。被继承人的子女先于被继承人死亡的，由被继承人的子女的晚辈直系血亲代位继承。代位继承人一般只能继承他的父亲或者母亲有权继承的遗产份额。同时，法律还规定，丧偶儿媳对公、婆，丧偶女婿对岳父、岳母，尽了主要赡养义务的，作为第一顺序继承人。

我国《继承法》基本上是按照家庭生活中，家庭成员之间的关系确定的，反映了家庭成员间亲疏远近的程度，并按照由亲密至疏远的顺序排列。这一规定具有重大的法律意义，不仅有利于家庭关系的和睦，而且能促进社会关系的稳定，最终构建一个安居乐业的美好社会环境。

在上面的案例中，乙先于甲死亡，甲死亡时，戊可作为第一顺序继承人代位继承。代位继承只适用于法定继承，因为代位继承是指被继承人的子女先于被继承人死亡时，被继承人的子女的晚辈直系血亲代替被继承人的子女继承其应继承的遗产份额的继承制度。甲的遗嘱规定，房屋由乙继承，但乙先于甲死亡，故房屋应按照法定遗嘱办理，因此丙有权继承甲的房屋。而且，由于乙去世后，丁接替乙赡养甲，其有权继承甲的财产。

条文链接

《中华人民共和国继承法》

第十条 遗产按照下列顺序继承：

第一顺序：配偶、子女、父母。

第二顺序：兄弟姐妹、祖父母、外祖父母。

继承开始后，由第一顺序继承人继承，第二顺序继承人不继承。没有第一顺序继承人继承的，由第二顺序继承人继承。

本法所说的子女，包括婚生子女、非婚生子女、养子女和有扶养关系的继子女。

本法所说的父母，包括生父母、养父母和有扶养关系的继父母。

本法所说的兄弟姐妹，包括同父母的兄弟姐妹、同父异母或者同母异父的兄弟姐妹、养兄弟姐妹、有扶养关系的继兄弟姐妹。

第十一条 被继承人的子女先于被继承人死亡的，由被继承人的子女的晚辈直系血亲代位继承。代位继承人一般只能继承他的父亲或者母亲有权继承的遗产份额。

第十二条 丧偶儿媳对公、婆，丧偶女婿对岳父、岳母，尽了主要赡养义务的，作为第一顺序继承人。

人生启示

我国的遗产继承主要有遗嘱继承和法定继承两种方式，如果被继承人生前没有立遗嘱，那么应当根据法律的规定按照法定继承顺序确定遗产继承人。遗产是亲人去世后留下的最后的礼物。然而，我们应该如何传承这份礼物？这引发的一系列问题如果解决得不好，就很容易产生遗产纠纷，从而破坏家庭关系的和睦。所以，我们应该在遵循法律规定的前提下尊重逝者。

82. 继子女就没有继承权吗？

家庭场景

刘某经好友介绍，结识了周某，二人经过进一步的相处，发现彼此就是对的人，确定了恋爱关系。两人交往两年后登记结婚，婚后周某生有一女取名刘琪，这一三口之家幸福地生活着。但是好景不长，在女儿刘琪3岁的时候，刘某被查出癌症晚期，幸福的三口之家陷入困境，周某成了单亲妈妈独自抚养女儿刘琪。三年后，周某在工作中结识了同事张某，张某对周某产生爱意，并对其进行疯狂的追求。张某通过了周某的各种考验，两人最终确定了恋爱关系，一年后，周某和张某组成了再婚家庭。婚后，两人生有一子取名张亮。但没过多久，张某突然遭遇了一场车祸不幸去世。张某留下一笔巨款和三套房子，张亮和同母异父的姐姐刘琪为了争夺张某的遗产产生了很大的分歧，张亮认为刘琪是父亲张某的继女，并非父亲所生，因此无权继承父亲的遗产。

法律疑点

继女刘琪是否有权继承张某的遗产？

法律分析

继女刘琪有权继承张某的遗产。

我国《继承法》第十条第三款中明确规定，法定继承中，所指的子女，包括婚生子女、非婚生子女、养子女和有扶养关系的继子女。由此可见，享有继承权的子女并非仅限于婚生子女，非婚生子女与父母之间存在直接血缘关系，他们因此可以享有继承权，而养子女和有扶养关系的继子女与养父母和有扶养关系的继父母之间已经形成拟制血缘关系，他们据此也可以享有继承权。

丰富的现代社会生活，变化更新的社会家庭观念，使得再婚家庭成为日渐普遍的现象，再婚家庭之间的扶养关系、继承权等问题随之而来。我国现行《继承法》中，明文规定了继子女的继承权，即与继父母有扶养关系的继子女享有与生子女同等的继承权，这一规定对保护继子女继承权起到了很大的作用。

在上面的案例中，刘琪虽然为张某的继女，两人之间毫无血缘关系，但两人因为张某和周某的婚姻关系形成了扶养关系。法律规定，具有扶养教育关系的继父母子女之间产生父母子女关系，这种非血缘的父母子女关系因法律拟制而产生。根据法律适用的一般逻辑，刘琪享有与张亮同等的继承权。因此，刘琪依法享有继承权。

条文链接

《中华人民共和国继承法》

第十条　遗产按照下列顺序继承：

第一顺序：配偶、子女、父母。

第二顺序：兄弟姐妹、祖父母、外祖父母。

继承开始后，由第一顺序继承人继承，第二顺序继承人不继承。没有第一顺序继承人继承的，由第二顺序继承人继承。

本法所说的子女，包括婚生子女、非婚生子女、养子女和有扶养关系的继子女。

本法所说的父母，包括生父母、养父母和有扶养关系的继父母。

本法所说的兄弟姐妹，包括同父母的兄弟姐妹、同父异母或者同母异父的兄弟姐妹、养兄弟姐妹、有扶养关系的继兄弟姐妹。

人生启示

继承是当今社会生活中一项重要的民事活动，《继承法》作为私法领域调整基于人身关系而发生的财产问题的基本法律，在保护公民财产权益方面发挥着重要作用。继承是基于血缘关系而设立的，而有扶养关系的继子女与继父母之间形成法律上的拟制血亲关系。因此，继子女也就能像婚生子女一样继承被继承人的遗产。我国亲子关系立法虽然在一定程度上弥补了继子女的法律权益，但始终无法填补因为家庭的破碎带来的心灵缺憾。因此，需要人们共同努力经营，维护好重组家庭的幸福。

83. 未出生的胎儿是否能继承遗产？

家庭场景

周某与李某是在大学相恋的，两人经过长达五年的爱情长跑，终于走入幸福的婚姻殿堂。婚后第二年，周某与李某有了爱情的结晶。因为周某长期在外工作没有时间细心照料李某，于是就把自己的母亲从老家接来，让她帮忙照顾怀孕的妻子。几个月后，周某不幸遭遇车祸，经抢救无效死亡。那时，李某已经有身孕7个月，一家人陷入无尽的悲痛之中。周某去世后，留下多年在外打拼的积蓄和一套房产，李某也因遗产继承问题与婆婆产生争执。李某主张把周某留下的遗产分成三部分，婆婆一份，自己一份，肚子里的宝宝一份。但是周某的母亲强烈反对，她认为孩子还没出生，没有权利继承周某的遗产。

法律疑点

对于周某的遗产，周某还未出生的胎儿是否享有继承权？

法律分析

对于周某的遗产，周某还未出生的孩子享有继承权。

我国《民法总则》第十三条规定，公民的民事权利始于出生，即孩子自出生时起，才是公民，才享有权利，履行义务。但是，为保护即将出生但还未出生的孩子的利益，《继承法》第二十八条也作出相应的调整，规定在遗产分割时，应保留胎儿的继承份额。同时，《最高人民法院关于贯彻执行〈中华人民共和国继承法〉若干问题的意见》第四十五条也明确指出，应当为胎儿保留的遗产份额，没有保留的应从继承人所继承的遗产中扣回。

胎儿作为特殊的群体，其各种权利都需要受到法律的保护，这具有天然的正当性和受法律保护的必然性。我国法律也对此作出明确规定，这充分保护了还未出生的孩子的各种权益，在一定程度上缓解了在实践中维护胎儿权益的压力和困境。

在上面的案例中，李某未出生的孩子有继承遗产的资格。如果李某目前没有为胎儿保留遗产份额，那么还得从他们所继承的遗产中扣回。

条文链接

《中华人民共和国民法总则》

第十三条 自然人从出生时起到死亡时止，具有民事权利能力，依法享有民事权利，承担民事义务。

《中华人民共和国继承法》

第二十八条 遗产分割时，应当保留胎儿的继承份额。胎儿出生时是死体的，保留的份额按照法定继承办理。

最高人民法院《关于贯彻执行〈中华人民共和国继承法〉若干问题的意见》

45. 应当为胎儿保留的遗产份额没有保留的应从继承人所继承的遗产中扣回。

为胎儿保留的遗产份额，如胎儿出生后死亡的，由其继承人继承；如胎儿出生时就是死体的，由被继承人的继承人继承。

人生启示

考虑到孩子出生后的抚养、教育问题，为胎儿保留遗产继承份额是十分必要的。我国现行的继承法规定，遗产分割时，应当保留胎儿的继承份额。胎儿出生时是死体的，保留的份额按法定继承办理。这个被称为“特留份制度”的规定，就体现了对胎儿权益的保护，任何人都不得以任何理由剥夺为胎儿保留的遗产份额，即使继承完成后，没有为胎儿保留的份额也应当从中扣回。胎儿作为特殊的个体，无法独立保护自己的利益，法律给予其保护自己权益的手段，体现了社会的文明发展。

84. 对于未成年人的遗产继承权，其法定代理人能否处分？

家庭场景

小琴8岁，天真无邪的她原本拥有一个幸福美满的家庭。但是天有不测风云，小琴的父母在一次交通事故中双双遇难，小琴也因此成了孤儿。因为小琴的奶奶年纪大、身体不好无法照顾孙女，小琴的叔叔就收留了她，叔叔也就成为小琴的监护人。后来，小琴的奶奶因癌症晚期突然离世，给儿女和孙子女留下了一笔遗产。作为奶奶的亲孙女，小琴有权按照法定继承顺序参与继承，而小琴的叔叔作为其法定监护人也可以代理继承该遗产份额。但是小琴的婶婶则认为小琴年纪还很小，现在还没有能力管理这些财产，因此劝小琴的叔叔代替小琴放弃该继承权。

法律疑点

小琴的叔叔是否可以代小琴放弃继承权？

法律分析

小琴的叔叔不能代小琴放弃继承权。

《最高人民法院关于贯彻执行〈中华人民共和国继承法〉若干问题的意见》第八条明确规定，法定代理人代理被代理人行使继承权、受遗赠权，不得损害被代理人的利益。法定代理人一般不能代理被代理人放弃继承权、受遗赠权。明显损害被代理人利益的，应认定其代理行为无效。接受继承、遗赠等权益是一种纯受益的行为，无论行为人是限制行为能力还是无行为能力，其利益都不会因此受到影响，法定代理人也无权代理其放弃这种权益。

未成年人是社会上的弱势群体，他们因为心智、身体等原因，对一些与其年龄和智力不相符的行为是无法做出真实的意思表示的，进而在一定程度上无法实现自我保护。因此，法律对此设立了相应的制度进行保护。这一方面更好地实现了保护未成年人权益的目的，另一方面能够更好地弘扬社会主义的法治精神，促进社会主义法治建设。

在上面的案例中，小琴虽然是限制行为能力人，但是其有权接受这种纯受益的继承行为，小琴的叔叔作为她的法定代理人不能代替小琴放弃继承权。

条文链接

《中华人民共和国继承法》

第六条 无行为能力人的继承权、受遗赠权，由他的法定代理人代为行使。

限制行为能力人的继承权、受遗赠权，由他的法定代理人代为行使，或者征得法定代理人同意后行使。

《最高人民法院关于贯彻执行〈中华人民共和国继承法〉若干问题的意见》

8. 法定代理人代理被代理人行使继承权、受遗赠权，不得损害被代理人的利益。法定代理人一般不能代理被代理人放弃继承权、受遗赠权。明显损害被代理人利益的，应认定其代理行为无效。

人生启示

未成年人因为心智、身体等原因，对一些与其年龄和智力不相符的行为是无法做出真实的意思表示的，因此法律为其设定了法定代理人。法律在赋予法定代理人权利的同时，也对其义务进行了限制。法定代理人代为行使未成年人的相关权利时，应当基于有利于未成年人利益的原则。

85. 如果子女对父母不履行赡养义务，能否享有继承权？

家庭场景

81岁的杨大爷住在一个偏僻的乡村里。有一儿一女。本来杨大爷可以安心地享受晚年，但是前不久老伴突然因病离世，杨大爷的生活也陷入困境。刚开始的时候，杨大爷和儿子杨华共同生活。相处的时间长了，儿子杨华有些不耐烦，开始不孝顺了。杨大爷躺在床上，身边经常连个端茶倒水的人也没有，儿子杨华有时甚至会打骂杨大爷。心寒不已的杨大爷最后只能去投靠女儿杨丽，与女儿杨丽一家人在一起生活。从此，儿子杨华再也没有履行赡养杨大爷的义务，相反只有女儿杨丽一直细心照顾。杨大爷被查出癌症晚期，不久后不幸离世，杨大爷把自己的全部遗产留给了女儿杨丽。儿子杨华知道后，便想与妹妹杨丽争夺遗产，他主张自己也享有继承权。

法律疑点

杨大爷的儿子杨华没有履行赡养义务，是否还享有继承权？

法律分析

杨大爷的儿子杨华没有履行赡养义务，不再享有继承权。

我国《继承法》第七条规定，虐待、不履行赡养义务的继承人丧失继承权。如果情节极为恶劣的，还可以根据《刑法》的规定追究其刑事责任。继承人虐待被继承人情节是否严重，可以从实施虐待行为的时间、手段、后果和社会影响等方面认定。一旦继承人虐待、不履行赡养义务的行为被查证属实，不论是否追究其刑事责任，都将会被认定继承权丧失。当然，实际生活中，也有一些继承人确有悔改表现，而且被虐待人、被遗弃人生前又表示宽恕的，则可不确认其丧失继承权。

老人是社会上的弱势群体，保护老人的各种权益成为国家立法中的重要问题。我国法律在各种领域对老人的权利进行了多方面的保护，这在一定程度上缓解了老人养老难的困境，促进了和谐社会的建设。

在上面的案例中，杨大爷之子杨华虐待杨大爷，不再享有继承权。即使杨华的行为尚不构成虐待，但是杨大爷在因病去世时，已经决定将全部遗产留给女儿。因此，基于尊重被继承人杨大爷的真实意思表示的考虑，杨大爷之子已经丧失了继承权。

条文链接

《中华人民共和国继承法》

第七条 继承人有下列行为之一的，丧失继承权：

（一）故意杀害被继承人的；

（二）为争夺遗产而杀害其他继承人的；

（三）遗弃被继承人的，或者虐待被继承人情节严重的；

（四）伪造、篡改或者销毁遗嘱，情节严重的。

《最高人民法院关于贯彻执行〈中华人民共和国继承法〉若干问题的意见》

10. 继承人虐待被继承人情节是否严重，可以从实施虐待行为的时间、手段、后果和社会影响等方面认定。

虐待被继承人情节严重的，不论是否追究刑事责任，均可确认其丧失继承权。

13. 继承人虐待被继承人情节严重的，或者遗弃被继承人的，如以后确有悔改表现，而且被虐待人、被遗弃人生前又表示宽恕，可不确认其丧失继承权。

人生启示

尊敬老人、赡养长辈是中华民族的传统美德，也是每个儿女应尽的义务。权利与义务始终是相互对应的，没有无权利的义务，也没有无义务的权利。如果子女不履行赡养义务，虐待父母，那么其也就丧失了继承父母遗产的权利。法律是正义的，它以正义之剑维护着人们的合法权益，它呼唤的是亲情，警示的是不孝，唤醒的是良知。全社会要积极开展关爱老人、养老、敬老的主题教育，对于不尽赡养义务的人，要进行批评教育，使其认识错误并积极改正，让老人老有所依，健康生活。

86. 正在服刑的劳教人员的继承权是否能被剥夺?

家庭场景

李明刚满20岁，本应该和同龄人一样在学校里接受高等教育，但是几年前发生的一件事打碎了他的人生。原来，李明的父母关系一直不好，经常吵架，两人经过协商最终以离婚收场。李明的父母离婚后，李明跟着母亲一起生活。自此以后，李明的性格发生了巨大变化，他经常和一群朋友厮混。某日，李明和几个朋友相约一起去抢劫，结果在打斗的过程中，李明把一人推倒在一块巨大的石头上，致使其当场死亡。最终，李明被法院判处15年有期徒刑。2017年，李明的父亲因癌症去世，留下了一大笔遗产。而此时，李明正在监狱里服刑，他心里很犹豫，很想知道自己还能否继承父亲的遗产。

法律疑点

李明能否继承父亲的遗产?

法律分析

李明可以继承父亲的遗产。

我国《继承法》第七条规定："继承人有下列行为之一的，丧失继承权：（一）故意杀害被继承人的；（二）为争夺遗产而杀害其他继承人的；（三）遗弃被继承人的，或者虐待被继承人情节严重的；（四）伪造、篡改或者销毁遗嘱，情节严重的。"法律以列举的方式具体规定了丧失继承权的4种情形，只有继承人的行为属于上述4种情形时，才依法丧失继承权。除此之外，继承人均可依法继承被继承人的遗产。当然，这只是针对法定继承而言，继承人立有遗嘱、遗赠抚养协议等的除外。

继承权本身是与特定的亲属身份关系密切相关的，在一般情形下，只要是被继承人的亲属，就依法享有法定继承权，而且法定继承权会因亲属关系的远近而有所不同，亲属关系近的继承人享有的继承份额大，亲属关系远的继承人享有的继承份额小。由此可见，正在服刑的劳教人员虽然被限制了人身权利和自由，但是他们与其他被继承人同等地享有继承权。

在上面的案例中，李明在与他人打斗中致使被害人身亡，这种行为并不属于《继承法》第七条规定的4种情形，可见李明并不因此丧失法定的继承权，可以依法继承父亲的遗产。

条文链接

《中华人民共和国继承法》

第七条 继承人有下列行为之一的，丧失继承权：

（一）故意杀害被继承人的；

（二）为争夺遗产而杀害其他继承人的；

（三）遗弃被继承人的，或者虐待被继承人情节严重的；

（四）伪造、篡改或者销毁遗嘱，情节严重的。

人生启示

在监狱服刑或劳教人员的人身权利虽然受到一定程度的限制，但是法律并没有剥夺他们的其他正当权益，比如继承权、婚姻自主权等人身权利，法律依然保护他们在其他方面的合法权益。法律保护的意旨在于增强法律的温度，从而促进人文法治的建设。而我们要尊重法律，不能有差别地对待他人的合法权益，即使其正在监狱服刑。

87. 主动赡养孤寡老人者是否享有继承权？

家庭场景

王女士，45岁，在某小区居委会工作，为人非常友善，又乐于助人。在王女士工作的小区，住着一位80岁的老人张某，其老伴儿已经去世，有一个儿子但常年居住在国外，一年只回国一次，因此张某只能无依无靠地独居生活。热心的王女士了解情况后主动提出要照顾老人，这使张某感受到了人情的温暖。后来，老人因病去世，留下了一笔遗产。在对遗产进行处理的时候，张某的儿子与王女士之间发生了很大的纠纷。张某的儿子声称王女士与父亲张某非亲非故，不存在任何血缘关系，不能分得张某的遗产，自己作为张某唯一的儿子，理所应当地继承张某的全部遗产。

法律疑点

王女士能否分得张某留下的遗产？

法律分析

王女士能分得张某留下的遗产。

根据《继承法》第十四条的规定，履行了赡养义务是享有继承权的实质要件。对继承人以外的依靠被继承人扶养的缺乏劳动能力又没有生活来源的人，或者继承人以外的对被继承人扶养较多的人，可以分给他们适当的遗产。而对于他们能分得的遗产的份额，我国法律也作出了明确规定，即依法分给他们遗产时，应当按照具体情况分析，可以多于或者少于继承人。

一般而言，继承是基于亲子血缘关系而存在的一项民事活动，但在实践中，还存在很多非亲非故赡养他人的行为，而法律明确规定对被继承人尽了主要赡养义务的继承人以外的人，可以适当分得遗产，一方面弘扬了社会风气，另一方面也为了告诫子女更好地履行赡养义务。

在上面的案例中，王女士在张某无依无靠的情况下主动提出照顾老人，并实践了自己的爱心，使张某感受到了人情的温暖。因此，根据相关的法律规定，王女士可以分得张某的遗产。同时，王女士对老人张某尽到了主要赡养义务，按法律规定可以分到多于老人儿子的遗产。

条文链接

《中华人民共和国继承法》

第十四条 对继承人以外的依靠被继承人扶养的缺乏劳动能力又没有生活来源的人，或者继承人以外的对被继承人扶养较多的人，可以分给他们适当的遗产。

《最高人民法院关于贯彻执行〈中华人民共和国继承法〉若干问题的意见》

31. 依继承法第十四条规定可以分给适当遗产的人，分给他们遗产时，按具体情况可多于或少于继承人。

人生启示

如果子女不履行对父母的赡养义务，反而遗弃或者虐待被继承人的，将会丧失继承权。而子女以外的第三人，如果对老人尽到了赡养义务，那么在继承遗产时，有权分得适当的份额。由此，我们应该在忙碌之余，赋予父母多点关爱，全面地尽到子女的义务，使晚年的他们老有所依。

88. 对于继父母和生父母的遗产，继子女能否双份继承？

家庭场景

高某与谢某于2000年结婚，婚后生一子名叫高亮，三口之家幸福地生活着。但是好景不长，高亮5岁时，高某与谢某因感情不和而协议离婚。双方经过协商，儿子高亮由母亲谢某抚养。两年后，谢某又嫁给了张某，张某没有其他子女。同年，高某也与他人再婚，后育有两个女儿。2015年，张某和谢某因病相继去世。高亮继承了继父张某和母亲谢某所留遗产。2017年，高某因车祸去世，高亮主张继承父亲高某的遗产。而高某的两个女儿认为高亮与其母亲及继父张某生活，并继承了继父张某的遗产，无权再继承生父高某的遗产，双方为此发生争议。

法律疑点

高亮能否继承生父母以及继父母的双份遗产？

法律分析

高亮可以继承生父母以及继父母的双份遗产，这是不冲突的。

我国《婚姻法》第二十七条规定，“继父母与继子女间，不得虐待或歧视。继父或继母和受其抚养教育的继子女间的权利和义务，适用本法对父母子女关系的有关规定。”同时，根据我国《继承法》第十条的规定，子女是第一顺序的法定继承人，而这里的子女，既包括婚生子女、非婚生子女、养子女，还包括有扶养关系的继子女。我国《最高人民法院关于贯彻执行〈中华人民共和国继承法〉若干问题的意见》第二十一条明确规定，继子女继承了继父母遗产的，不影响其继承生父母的遗产。

与收养关系不同，继子女与继父母的关系因亲生父母一方与继父母一方的合法婚姻关系而建立，但是与继父母的关系的建立不影响继子女与生父母的关系。也就是说，此时的继子女无论与生父母还是继父母共同生活，都有父母与子女的权利义务关系。子女在婚姻关系中属于最无辜的弱势群体，我国法律在最大限度上保护子女的权利正是为了弥补子女身心的缺憾，体现了法律的人文主义精神。

本案中，高亮在父母离婚后一直与母亲生活，但与其生父高某之间的权利义务关系并没有消失，其仍然有权继承生父的遗产。同时，高亮7岁时随母亲到继父家生活，生活费由继父和母亲供给，表明高亮与继父形成了抚养关系，因此高亮与继父的关系等同于与生父的关系，当然也可以依法继承继父的遗产。

条文链接

《中华人民共和国婚姻法》

第二十七条第一款 继父母与继子女间，不得虐待或歧视。

《中华人民共和国继承法》

第十条 遗产按照下列顺序继承：

第一顺序：配偶、子女、父母。

第二顺序：兄弟姐妹、祖父母、外祖父母。

继承开始后，由第一顺序继承人继承，第二顺序继承人不继承。没有第一顺序继承人继承的，由第二顺序继承人继承。

本法所说的子女，包括婚生子女、非婚生子女、养子女和有扶养关系的继子女。

本法所说的父母，包括生父母、养父母和有扶养关系的继父母。

本法所说的兄弟姐妹，包括同父母的兄弟姐妹、同父异母或者同母异父的兄弟姐妹、养兄弟姐妹、有扶养关系的继兄弟姐妹。

《最高人民法院关于贯彻执行〈中华人民共和国继承法〉若干问题的意见》

21. 继子女继承了继父母遗产的，不影响其继承生父母的遗产。

继父母继承了继子女遗产的，不影响其继承生子女的遗产。

人生启示

生父母与生子女之间的权利义务关系不因父或母的死亡、婚姻关系的变化而变化，这与收养关系所发生的生父母与生子女之间的关系因收养关系的成立而消灭的情形不同。我国法律对此仍然保护生父母与生子女之间的抚养权利义务和继承权利义务。因生父母再婚产生继父母与继子女关系，法律把这种亲子关系拟定为父母子女权利义务关系。因此，他们之间的抚养权利义务和继承权利义务也受法律保护。

89. 遗嘱能否剥夺法定继承人的继承权？

家庭场景

将近80岁的张老先生，一生艰苦奋斗，创办了一家全国知名的大型企业。老伴儿多年前因病去世，张老先生有一儿一女，但是两个子女都远在美国，很少有时间回来看望张老先生。前不久，张老先生不幸中风。住院手术后，他的身体非常虚弱，需要人照料，但子女们都因工作忙碌无法照顾老人。于是，张老先生在社区居委会的帮助下，请了多位义工来照料自己的生活。其间，子女只是匆匆看上一眼便离去。前不久，张老先生病情恶化，他知道自己将不久于人世，便立下遗嘱，打算死后，将名下所有的财产全部捐献给希望小学。遗嘱中没有提到给其在美国工作的子女保留遗产的条款。

法律疑点

张老先生死后，其子女可以要求继承遗产吗？

法律分析

张老先生死后，其子女不能要求继承遗产。

我国《继承法》第五条规定，继承开始后，如果有遗嘱，按照遗嘱规定的继承。即使遗嘱没有给法定继承人留下遗产，也仍然是有效的遗嘱，即遗嘱可以排除法定继承人的继承权。虽然《继承法》第十九条同时规定，遗嘱应当对缺乏劳动能力又没有生活来源的继承人保留必要的遗产份额，但这只是法律对这类弱势群体的特殊保护，并不影响遗嘱排除法定继承人继承权的效力。

公民有处分自己合法所有的个人财产的权利，被继承人在死亡之前对自己合法所有的个人财产进行处分，在其死后生效，这充分体现了我国法律对公民个人财产的保护。但是，这种处分应符合法律的规定，应充分考虑老人、妇女、儿童、胎儿及残疾人和无生活来源人的利益，违反法律规定的遗嘱，是不受法律保护的。

在上面的案例中，张老先生的子女都有自己的工作，不属于没有劳动能力又无生活来源的人，而张老先生又专门立下遗嘱决定将所有财产捐赠，因此其子女不能要求继承遗产。

条文链接

《中华人民共和国继承法》

第五条 继承开始后，按照法定继承办理；有遗嘱的，按照遗嘱继承或者遗赠办理；有遗赠扶养协议的，按照协议办理。

第十六条 公民可以依照本法规定立遗嘱处分个人财产，并可以指定遗嘱执行人。

公民可以立遗嘱将个人财产指定由法定继承人的一人或者数人继承。

公民可以立遗嘱将个人财产赠给国

家、集体或者法定继承人以外的人。

第十九条　遗嘱应当对缺乏劳动能力又没有生活来源的继承人保留必要的遗产份额。

人生启示

遗嘱只要是在法律允许的范围内，按照法律规定的方式对其遗产或其他事务作出处分，法律就应该予以尊重。依据现行法律规定，公民不仅可以通过设定遗嘱的方式改变继承人的范围、顺序和继承份额，而且可以取消法定继承人的继承权，把财产遗赠给法定继承人以外的人。因此，在实际生活中，我们应当尊重立遗嘱人的意思表示，确保其能够独立行使自己的权利。

90. 非婚同居者对另一方的遗产是否享有继承权？

家庭场景

陈某与董某在大学期间相识，后两人成为男女朋友。大学毕业后，董某在某公司找到了一份待遇非常好的工作，陈某也跟随董某一起到该地工作。因为两人刚刚毕业，没有任何经济基础，所以董某想先工作两年，等有了一定的经济基础之后再和陈某结婚。为了节省费用，两人合租开始同居生活，并经常以夫妻的名义探亲访友，周围的邻居也都认为他们是夫妻。不幸的是，董某在一次体检中被查出患有晚期胃癌。在董某患病住院期间，陈某尽心尽力地照顾董某。可是，一年之后，董某仍然因病去世。董某去世后，留下了一辆价值10万元的轿车以及30万元存款。董某的父母在处理完他的后事之后，就将董某所有的东西都带回了老家。而陈某认为，她虽然没有与董某结婚，但是两人一直以夫妻名义生活，因此自己应该有权继承董某的遗产。

法律疑点

陈某可以继承董某的遗产吗？

法律分析

按照案例中的实际情况，陈某可以要求分得适当的遗产。

实践中，对于非婚同居者是否可以享有继承权，要根据不同的情况区别对待。我国《最高人民法院关于适用〈中华人民共和国婚姻法〉若干问题的解释（一）》第六条规定，“未按婚姻法第八条规定办理结婚登记而以夫妻名义共同生活的男女，一方死亡，另一方以配偶身份主张享有继承权的，按照本解释第五条的原则处理。”该解释第五条规定，1994年前的夫妻同居，算是事实婚姻，一方死后另一方可以继承其遗产；1994年后，男女双方必须办理登记，没登记的，不成立婚姻关系，双方之间没有继承权，但同居期间所生的子女可以继承其遗产。当然，如果不享有继承权，但符合《继承法》第十四条规定的，即一方属于依靠被继承人生活的没有劳动能力又没有生活来源的人，或者对被继承人尽了较多的扶养义务的，可以适当分得遗产。

法律规定没有婚姻关系的非婚同居男女并不享有夫妻之间的配偶继承权，这是因为继承权是基于法定身份而享有的一种权利，这有利于保护男女双方的合法权益。否则，男女双方如果没有建立合法的婚姻关系，就允许其享有配偶之间的继承权，则会导致配偶继承权的任意性，不利于保护这种合法权利的实现。

在上述案例中，陈某与董某虽然一直以夫妻的名义同居，但是两个人并未办理结婚登记手续，即并不是合法的婚姻关系。所以，原则上陈某并不享有夫妻之间的继承权。但是，在董某患病住院期间，陈某一直照顾董某，尽了较多的扶养义务。根据《继承法》第十四条的规定，陈某可以要求分给她适当的遗产。在董某的父母不同意，无法通过协商分得遗产时，陈某可以以此为依据向法院提起诉讼。

条文链接

《最高人民法院关于适用〈中华人民共和国婚姻法〉若干问题的解释（一）》

第五条 未按婚姻法第八条规定办理结婚登记而以夫妻名义共同生活的男女，起诉到人民法院要求离婚的，应当区别对待：

（一）1994 年 2 月 1 日民政部《婚姻登记管理条例》公布实施以前，男女双方已经符合结婚实质要件的，按事实婚姻处理。

（二）1994 年 2 月 1 日民政部《婚姻登记管理条例》公布实施以后，男女双方符合结婚实质要件的，人民法院应当告知其在案件受理前补办结婚登记；未补办结婚登记的，按解除同居关系处理。

第六条 未按婚姻法第八条规定办理结婚登记而以夫妻名义共同生活的男女，一方死亡，另一方以配偶身份主张享有继承权的，按照本解释第五条的原则处理。

《中华人民共和国继承法》

第十四条 对继承人以外的依靠被继承人扶养的缺乏劳动能力又没有生活来源的人，或者继承人以外的对被继承人扶养较多的人，可以分给他们适当的遗产。

人生启示

依据法律规定，除了事实婚姻外，非婚同居的男女之间是没有继承权的。而所谓的合法的事实婚姻，也应当是在 1994 年 2 月 1 日民政部《婚姻登记管理条例》公布实施以前，男女双方已经符合结婚实质要件。因而，在我们的实际生活中，男女双方要想享有夫妻之间的合法权利，其前提条件只能是成为合法夫妻，即按照法律程序办理结婚登记。否则，在发生意外事件时，不管是哪一方，其合法权利都无法得到保障。非婚同居可能不会受到婚姻的束缚，但是在特殊情况下，也是无法保障自己的合法权利的。

91. 遗嘱人在被胁迫的情况下所订立的遗嘱是否有效？

家庭场景

郑某是某国有企业的退休职工，他和妻子生育了两个儿子和一个女儿。平日里，都是郑某的女儿在照顾他和妻子，两个儿子很少回家看望他们。一次，郑某在生病后，担心自己可能不久于人世，于是便准备立下遗嘱，将自己名下的一套房屋留给女儿。郑某的大儿子得知后，逼迫郑某立下遗嘱，要求自己继承郑某名下的该套房屋。对此，郑某非常生气。后来，郑某康复出院。出院后，郑某非常担心自己去世后，大儿子会凭借自己的遗嘱取得房子的所有权。但又担心子女会因争夺房子发生矛盾，因此并不敢向小儿子和女儿说出大儿子逼迫自己立遗嘱的事情。一天，在郑某的侄子去看望他时，他向侄子说出了自己的烦恼。郑某的侄子告诉郑某，他是在受胁迫的情况下立的遗嘱，这份遗嘱应该是无效的。

法律疑点

郑某在被大儿子胁迫的情况下所立的遗嘱是否具有法律效力？

法律分析

遗嘱应当是立遗嘱人真实的意思表示，立遗嘱人因被胁迫而立的遗嘱是无效的。

我国《继承法》第二十二条第二款规定，遗嘱必须表示遗嘱人的真实意思，受胁迫、欺骗所立的遗嘱无效。据此可知，订立遗嘱必须是立遗嘱人真实的意思表示，否则遗嘱是不具有法律效力的。换言之，任何人都不能采用胁迫或者是欺骗手段使他人违背自己的真实意愿订立遗嘱。否则，即使其采用违法的手段迫使他人订立了遗嘱，该遗嘱也会被认定为无效，其最后也无法据此分得遗产。

订立遗嘱是立遗嘱人的一种民事法律行为，也是立遗嘱人对自己的财产作出的处分。在民事活动中，应当遵循自愿原则。因此，遗嘱也应当是立遗嘱人自己意思自由的表现。受胁迫所订立的遗嘱，违背了立遗嘱人真实的意思表示，所以应当是无效的。法律这样规定，一方面维护了社会的稳定秩序，另一方面也是为了保护立遗嘱人的合法权益。同时，这说明法律不允许任何人采用不合法的手段取得财产。

在上述案例中，大儿子在郑某生病时逼迫他订立的遗嘱，并不是郑某真实的意思表示，郑某真实的意思表示是将该套房屋留给女儿。根据上面的法律规定，被胁迫订立的遗嘱不具有法律效力。因此，即便郑某的大儿子逼迫其写下了遗嘱，郑某所订立的遗嘱也是不具有法律效力的。郑某可以向人民法院提起诉讼，请求法院确认此份遗嘱无效。

条文链接

《中华人民共和国继承法》

第二十二条第二款 遗嘱必须表示遗嘱人的真实意思，受胁迫、欺骗所立的遗嘱无效。

人生启示

在实际生活中，遗产继承是我们取得财产的一种方式，但这种方式应当合法。作为继承人，我们应当尊重被继承人的遗嘱自由，让其在符合自己真实意思的情况下订立遗嘱，不得强迫或诱使被继承人将财产“留给”自己。另外，作为立遗嘱人，我们更要清楚只有自己自愿订立的遗嘱才是有效的，在受胁迫的情况下订立的遗嘱，我们可以主张申请遗嘱无效。总之，不管作为继承人还是被继承人，我们要依法行使自己的权利，也要学会依法维护自己的合法权益。

92. 未成年人设立的遗嘱是否具有法律效力？

家庭场景

小楚的母亲在他很小的时候就去世了，他跟父亲一直相依为命。然而，在小楚上一年级时，他的父亲也因突发心脏病而死亡。小楚的父亲去世时，将所有的财产都留给了他。对此，小楚的叔叔非常不满，因为哥哥临终前将小楚托付给自己养育，但却没有给自己留下任何财产，小楚的叔叔觉得自己不能没有任何条件地抚养他。于是，小楚的叔叔便告诉小楚，说他家里的经济条件不是很好，而抚养小楚长大需要很多钱，希望小楚立下一份遗嘱，将其父留给他的遗产在小楚死后由小楚叔叔的儿子继承。因而，在叔叔的极力“劝说”之下，不满8岁的小楚就写下了一份遗嘱：在其死后，自己的全部财产由自己的堂弟，即叔叔的儿子继承。

法律疑点

小楚作为未成年人是否可以订立遗嘱？其订立的遗嘱具有法律效力吗？

法律分析

未成年人所订立的遗嘱是不具有法律效力的。

我国《民法总则》第二十条明确规定，不满8周岁的未成年人为无民事行为能力人，由其法定代理人代理实施民事法律行为。同时，我国《继承法》第二十二条第一款以及《最高人民法院关于贯彻执行〈中华人民共和国继承法〉若干问题的意见》第四十一条也规定，遗嘱人立遗嘱时必须有行为能力。无行为能力人或者限制行为能力人所立的遗嘱无效。无行为能力人所立的遗嘱，即使其本人后来有了行为能力，仍属无效遗嘱。据此可知，无民事行为能力人无论在什么情况下，其本人订立的遗嘱都是不具有法律效力的。

法律规定未成年人订立的遗嘱无

效，一方面是因为无行为能力人由于身心都不太成熟，对于财产处分无法产生正确的认知，其做出的行为不能认定为是其自己真实意思的表示，这样规定是为了保护未成年人的合法权益，另一方面也有利于维护社会的正常秩序，避免有的人利用遗嘱而使未成年人损害自己的权利，随意处置自己的遗产。

在上面的案例中，小楚年仅8岁，按照法律规定，其是无民事行为能力人，是不能从事订立遗嘱这种民事法律行为的。所以，小楚的叔叔要求其写下的遗嘱是无效的，其所立的遗嘱，即使在成年后具有了民事行为能力，也仍然不具有法律效力。

条文链接

《中华人民共和国民法总则》

第二十条　不满八周岁的未成年人为无民事行为能力人，由其法定代理人代理实施民事法律行为。

《中华人民共和国继承法》

第二十二条第一款　无行为能力人或者限制行为能力人所立的遗嘱无效。

《最高人民法院关于贯彻执行〈中华人民共和国继承法〉若干问题的意见》

41. 遗嘱人立遗嘱时必须有行为能力。无行为能力人所立的遗嘱，即使其本人后来有了行为能力，仍属无效遗嘱。遗嘱人立遗嘱时有行为能力，后来丧失了行为能力，不影响遗嘱的效力。

人生启示

法律对于遗嘱的生效要件有着严格的限制，订立遗嘱并不像我们平时进行简单的买卖活动，并非任何人都可以进行，其要求立遗嘱人必须真实了解处理财产的法律后果，并根据自己的意愿进行。所以，我们在订立遗嘱时，一定要注意遗嘱的生效要件，千万不能为了获取任何利益而诱导未成年人写遗嘱。否则，既浪费了时间和精力，又得不到合法有效的遗嘱。

93. 遗嘱继承的顺序是否优先于法定继承？

家庭场景

沈某是某村村民，妻子在很多年前就去世了，他一个人辛苦地将儿子抚养长大。然而，沈某如今年老体弱，儿子却经常以工作忙碌为由很少回家看望他，只是每月给沈某固定的生活费。在沈某生病住院时，一直都是沈某的妹妹在无微不至地照顾他。沈某的儿子只负责支付住院费，从来没有去照顾过他，甚至很少到医院探望。沈某对于儿子的做法非常生气，认为儿子从来没有对自己尽过孝心。于是，沈某便立下遗嘱，决定将自己名下的5间房屋及名下的存款都由妹妹继承，以报答妹妹对自己的照顾之情。一年后，沈某因病去世。在沈某的妹妹要求继承遗产时，沈某的儿子予以拒绝，认为父亲所立的遗嘱是无效的，他才是父亲的第一顺序继承人，只有自己才有权继承父亲的遗产。

法律疑点

遗嘱继承的顺序是否优先于法定继承？

法律分析

在遗产继承中，遗嘱继承的顺序优先于法定继承。

我国《继承法》第五条规定，继承开始后，按照法定继承办理；有遗嘱的，按照遗嘱继承或者遗赠办理；有遗赠扶养协议的，按照协议办理。由此可知，在遗产继承中，遗嘱继承优先于法定继承，只有在遗嘱人没有订立遗嘱的情况下，才能按照法律的规定适用法定继承。法定继承和遗嘱继承的适用效力是不平等的，继承开始后，如果立有遗嘱的，应先按照遗嘱继承，其优先于法定继承。

法律规定遗嘱继承的顺序优先于法定继承，因为遗嘱是被继承人真实的意思表示，这体现了民事活动中的意思自治原则，是尊重和认可被继承人真实的意愿。我国《民法》规定，公民有处分自己合法所有的个人财产的权利，被继承人在死亡之前对自己合法所有的个人财产进行处分，在其死后生效，这充分体现了我国以权利为本位的立法理念，体现了我国法律对公民个人财产的保护，也反映了立遗嘱的被继承人享有处分自己死后遗产的意志和愿望。

在上面的案例中，沈某在生前立下了遗嘱，根据法律的规定，在沈某去世后应当按照其订立的遗嘱，由他的妹妹继承遗产。虽然沈某的儿子是第一顺序法定继承人，但是遗嘱继承优先于法定继承。所以，沈某儿子的说法是错误的。在沈某的妹妹请求遗产继承权时，沈某的儿子不能加以拒绝。对此，如果沈某的妹妹与沈某的儿子无法协商解决这一问题，可以向法院提起诉讼。

条文链接

《中华人民共和国继承法》

第五条 继承开始后，按照法定继承办理；有遗嘱的，按照遗嘱继承或者遗赠办理；有遗赠扶养协议的，按照协议办理。

人生启示

遗嘱继承的顺序优先于法定继承，这是法律对我们公民遗嘱自由权的保护。因此，在现实生活中，一方面，我们作为继承人，在被继承人去世后，应当要确定其是否立下遗嘱，只有在未留下遗嘱时，才能将其遗产按照法定继承的顺序予以分配。另一方面，我们每个人都会面临生老病死，应当学会利用自己的遗嘱自由权，树立权利意识，以保护自己的合法权益。

94. 遗嘱人病危时立的口头遗嘱是否有效？

家庭场景

陈某是某大学的教授，其与妻子在多年前离婚。为了照顾儿女，陈某一直没有再婚。退休后，陈某一直在家安享晚年，两个儿子和一个女儿都非常孝顺。一天，陈某突发脑溢血，邻居发现后，及时将他送往医院。虽然进行了抢救，但是医生称陈某无法再进行医治，让陈某的家人去见他最后一面。陈某在见到子女时已经奄奄一息，其临终前告诉子女，他名下的两套房屋由两个儿子分别继承，所有的存款由两个儿子和女儿平分。然而，在陈某去世后，陈某的两个儿子和女儿因为遗产继承问题发生纠纷，女儿认为父亲在临终前的口头遗嘱是无效的，要求三个人按照法定继承的规定继承遗产。

法律疑点

陈某在临终前的口头遗嘱是否有效？

法律分析

遗嘱人在危急情况下，可以立口头遗嘱。但是，订立口头遗嘱必须要符合法律规定的条件。

我国《继承法》第十七条第五款规定，遗嘱人在危急情况下，在有两个以上见证人在场的情况下，可以立口头遗嘱。但是，订立口头遗嘱必须符合下列条件：（1）必须是在危急的情况下；（2）应当有两个以上的见证人在场；（3）无行为能力人、限制行为能力人，继承人、受遗赠人，与继承人、受遗赠人有利害关系的人等不能作为遗嘱见证人。由此可知，遗嘱人是可以订立口头遗嘱的。但是，口头遗嘱的生效有着严格的要求，其订立的口头遗嘱必须要符合法律规定。而且，危急情况解除后，遗嘱人能够用书面或者录音形式立遗嘱的，所立的口头遗嘱无效。

法律认可遗嘱人在危急情况下订立口头遗嘱的效力，是因为在现实生活中经常出现遗嘱人生命垂危、与外界联系隔绝等紧急情况，无法以其他方式订立遗嘱，此时如果不允许遗嘱人订立口头遗嘱是有失公平的。但是，口头遗嘱并没有任何载体记载，容易被他人篡改、伪造。所以，法律又对遗嘱人订立口头遗嘱进行了严格的限制。

在上面的案例中，陈某是在病情危急的情况下订立的口头遗嘱，但是其在订立遗嘱时并没有两个以上的见证人在场见证。虽然他的子女在场，但是其三个子女是继承人，不能作为见证人。因此，陈某所立下的口头遗嘱因没有见证人而无效，陈某的遗产应当按照法定继承的规定由三个子女平均分配。陈某女儿的说法是正确的。

条文链接

《中华人民共和国继承法》

第十七条第五款　遗嘱人在危急情

况下，可以立口头遗嘱。口头遗嘱应当有两个以上见证人在场见证。危急情况解除后，遗嘱人能够用书面或者录音形式立遗嘱的，所立的口头遗嘱无效。

第十八条 下列人员不能作为遗嘱见证人：

（一）无行为能力人、限制行为能力人；

（二）继承人、受遗赠人；

（三）与继承人、受遗赠人有利害关系的人。

人生启示

订立遗嘱是每个公民的权利，但是我们在行使这项权利时要注意符合法律的规定，尤其是对于口头遗嘱，有着严格的法律条件。虽然在危急情况下，我们不得已也可以通过口头方式分配个人财产，但如果不是处于危急情况，我们需要立遗嘱时，一定要选择书面遗嘱，而且最好是将遗嘱交由公证部门予以公证。

95. 数份遗嘱内容相抵触的，应当怎么办？

家庭场景

汪某是某企业的退休职工，有两个女儿。退休后，汪某便一直和妻子到处旅游，生活非常惬意。可是，天有不测风云，汪某外出游玩回家后因突发心脏病而去世。在汪某去世后，他的子女办理完后事，在整理汪某的东西时发现他曾写下两份自书遗嘱，但是这两份遗嘱对汪某财产的处理却是完全不同的。其中一份遗嘱是将汪某自己名下的存款和房产都留给大女儿，而另一份遗嘱却是将自己名下的存款留给大女儿，房产留给小女儿。因为两份遗嘱的内容完全不同，所以汪某的两个女儿在看到遗嘱之后，都不知道应该以哪份遗嘱为准。为了避免发生纠纷，两个女儿准备去咨询律师，以确定她们应当按照哪份遗嘱的内容来分配遗产。

法律疑点

数份遗嘱内容相抵触的，应当怎么办？

法律分析

数份遗嘱相抵触时，没有公证遗嘱的，应当以最后订立的遗嘱为准。

关于遗嘱人有数份遗嘱的情况，我国《继承法》第二十条第二款规定，立有数份遗嘱，内容相抵触的，以最后的遗嘱为准。同时，《最高人民法院关于贯彻执行〈中华人民共和国继承法〉若干问题的意见》第四十二条也规定，遗嘱人以不同形式立有数份内容相抵触的遗嘱，其中有公证遗嘱的，以最后所立公证遗嘱为准；没有公证遗嘱的，以最后所立的遗嘱为准。根据上述法律规定可知，在立遗嘱人立有数份内容相抵触的遗嘱时，应当看立遗嘱人是否有公证遗嘱，如果有公证遗嘱，应该以最后所立的公证遗嘱为准。在没有公证遗嘱时，按照时间顺序，以最后所立的遗嘱为准。

法律规定，公证遗嘱具有最高的效力，因为公证遗嘱是公证处按照法定程序证明遗嘱人设立遗嘱行为真实、合法的活动。而公证处是国家依法设立，不以营利为目的，依法独立行使公证职能、承担民事责任的证明机构。并且，遗嘱公证的程序严谨，审查严格，不容易弄虚作假。而在没有公证遗嘱时，以最后所立的遗嘱为准体现了尊重当事人真实意思表示的意思自治原则。因为当事人有权处分自己的财产，但也有权利变更自己对财产的处理，只有最后所作出的处分，才能体现当事人最终对自己财产处分的意愿。

在上面的案例中，汪某去世后留下两份自书遗嘱，根据我国《继承法》等相关规定，在没有公证遗嘱时，如果立遗嘱人留有多份内容相抵触的遗嘱，则应当以最后所立遗嘱为准。因此，如果汪某留下的两份自书遗嘱都具有法律效力，那么应当以时间最靠后的遗嘱为准，其子女应当按照该份遗嘱来继承汪某的遗产。

条文链接

《中华人民共和国继承法》

第二十条第二款　立有数份遗嘱，内容相抵触的，以最后的遗嘱为准。

《最高人民法院关于贯彻执行〈中华人民共和国继承法〉若干问题的意见》

42. 遗嘱人以不同形式立有数份内容相抵触的遗嘱，其中有公证遗嘱的，以最后所立公证遗嘱为准；没有公证遗嘱的，以最后所立的遗嘱为准。

人生启示

在日常生活中，立遗嘱人订立多份内容相抵触遗嘱的现象是比较常见的。一旦发生，继承人也经常会为此发生纠纷。因此，作为公民，我们在行使自己订立遗嘱的权利时要谨慎，如果自己所立下的遗嘱，后来自己的意思表示发生变化，那么我们最好将其他的遗嘱销毁，以避免未来子女发生纠纷。

96. 处分个人财产的遗书是否属于遗嘱？

家庭场景

小玲是某服装公司的设计师，不但拥有一份好的工作，而且有着幸福的婚姻。然而后来，小玲的丈夫有了外遇，并向她提出离婚。对此，小玲倍受打击，觉得自己为丈夫做出了很多牺牲，而丈夫却背叛了自己。于是，小玲选择了自杀。在小玲自杀后，其父母发现了小玲的一份遗书，这份遗书中写明在她去世后，她的财产都留给父母，并且在遗书的最后有小玲的签名及日期。小玲的父母便以此遗书为依据，要求继承小玲所有的个人财产。但是，小玲的丈夫却以遗书不能作为遗嘱为由，拒绝小玲父母的要求，认为小玲的遗产应当按照法定继承的顺序，由他和小玲的父母三人平均分配。无奈之下，小玲的父母诉至法院，请求法院依法判决，并将小玲的遗书作为证据。

法律疑点

小玲所留下的遗书是否可以认定为遗嘱?

法律分析

立遗嘱人留下的遗书如果有死后财产处分的内容，且符合法律规定的条件，该份遗书是可以认定为遗嘱的。

《最高人民法院关于贯彻执行〈中华人民共和国继承法〉若干问题的意见》第四十条规定，公民在遗书中涉及死后个人财产处分的内容，确为死者真实的意思表示，如果有本人的签名和明确的时间，且无相反证据的情况下，可以认定为自书遗嘱。据此可知，死者留下的遗书在符合下列条件时可以被认定为遗嘱:（1）遗书中涉及其死后财产处分的内容;（2）遗书中的内容是死者真实的意思表示;（3）遗书有死者本人的签名和明确时间;（4）没有相反的证据推翻遗书中的内容。

在公民留下的遗书符合特定的条件时，法律将其视为自书遗嘱。法律之所以这样规定，是因为遗书只要是立遗嘱人真实的意思表示，并且对自己有处分权的财产作出的处理，无论其是“遗书”还是“遗嘱”，都符合自书遗嘱的实质要件，都发生处分自己财产的法律后果，法律也认可其效力，予以保护。这体现了法律尊重公民的真实意愿，是民法中意思自治原则的体现。

在上面的案例中，小玲在留下的遗书中涉及关于个人财产的处分情况，即其在遗书中明确说明将个人财产留给父母，并且该遗书也有小玲的亲笔签名、日期等。据此可以推断，该份遗书中关于财产的处分内容是小玲自己真实的意思表示，是具有法律效力的，可以认定为自书遗嘱。因而，小玲的父母可以以此作为遗嘱要求继承小玲的财产。

条文链接

《最高人民法院关于贯彻执行〈中华人民共和国继承法〉若干问题的意见》

40. 公民在遗书中涉及死后个人财产处分的内容，确为死者真实意思的表示，有本人签名并注明了年、月、日，又无相反证据的，可按自书遗嘱对待。

人生启示

对于遗嘱的生效要件，法律虽然有严格的要求，但是遗嘱并不拘泥于一种形式。换言之，在被继承人去世后，其对自己财产分配的方式并不一定是以专门的遗嘱呈现，有时其遗嘱的内容还可能以遗书的方式呈现。而在面对此种情况时，我们重要的是判断该遗书是否符合法律规定的条件，只要其符合条件，那么遗书中关于财产处分的内容就是合法有效的。

97. 遗嘱人以外的人是否有权变更遗嘱的内容？

家庭场景

张某是某村村民，其在年轻时通过自己的努力在某县开设了一家运输公司。张某亲力亲为将公司经营得有声有色，然而，唯一让其不安的是，自己只有一个女儿小梦，他担心自己年老后，女儿没有能力经营好公司。于是，张某便提前立下遗嘱，决定在自己去世后将运输公司交给自己的侄子经营，但是，侄子每年要给他的女儿一半的利润。小梦在得知父亲的遗嘱后表示反对，认为自己是父亲的亲生女儿，自己家的财产不能留给外人。所以，小梦便找朋友商量，称其准备偷偷将这份遗嘱的内容改动一下，从而使父亲将所有的财产留给她。但是，小梦的朋友告诉她，她没有权利变更父亲遗嘱的内容，而小梦却坚持认为自己是张某的亲生女儿，有权变更遗嘱。

法律疑点

遗嘱人以外的人是否有权变更遗嘱的内容？

法律分析

遗嘱人以外的任何人都是无权变更遗嘱内容的。

我国《继承法》第二十条第一款规定，遗嘱人可以撤销、变更自己所立的遗嘱。第二十二条规定，遗嘱必须表示遗嘱人的真实意思，受胁迫、欺骗所立的遗嘱无效。伪造的遗嘱无效。遗嘱被篡改的，篡改的内容无效。此外，该法第七条也规定了篡改遗嘱的后果，即如果情节严重，篡改遗嘱的法定继承人很可能会因此而失去继承权。据此可知，遗嘱应当是遗嘱人真实的意思表示，立遗嘱人以外的任何人都无权更改或者变更遗嘱的内容。一旦遗嘱被篡改，则篡改的内容归于无效。

遗嘱是遗嘱人个人意志的体现，因此法律规定，遗嘱必须由遗嘱人根据自己的意志订立，除了遗嘱人可以变更自己所立的遗嘱外，任何人都无权变更遗嘱的内容。法律规定被篡改的遗嘱内容无效，体现了法律严格保护公民的遗嘱自由。同时，这也有利于保护继承人的合法继承权。

在上面的案例中，小梦是没有权利变更其父亲遗嘱内容的。根据《继承法》的相关规定，只有遗嘱人可以撤销或变更自己的遗嘱。如果小梦擅自变更父亲遗嘱的内容，则属于篡改遗嘱，该行为是无效的。如果小梦执意更改遗嘱，则不但其更改的遗嘱无效，而且很可能导致自己因此而失去法定继承权。因而，小梦朋友的说法是正确的。

条文链接

《中华人民共和国继承法》

第七条 继承人有下列行为之一的，丧失继承权：

……

（四）伪造、篡改或者销毁遗嘱，情节严重的。

第二十条第一款 遗嘱人可以撤销、变更自己所立的遗嘱。

第二十二条 无行为能力人或者限制行为能力人所立的遗嘱无效。

遗嘱必须表示遗嘱人的真实意思，受胁迫、欺骗所立的遗嘱无效。

伪造的遗嘱无效。

遗嘱被篡改的，篡改的内容无效。

人生启示

遗嘱只与我们个人的人身相联系，遗嘱内容完全取决于我们自己的意愿，不受任何人的胁迫、诱导，更不允许他人随意对遗嘱的内容进行更改。在日常生活中，我们应当依照法律的规定行使权利，不管是作为子女，还是配偶，我们都不能超越法律的界限去更改他人遗嘱的内容，这是违法的，同时有可能会导致自己的继承权受到损害。

98. 遗嘱人对遗嘱中的财产进行处分的，遗嘱应如何认定？

家庭场景

楚某原来是某国有企业的部门经理，有两个女儿，生活安逸而幸福。退休后，楚某便在家安享晚年。一天，楚某因突发心脏病而住院。在出院后，楚某担心自己会在发病时突然去世，为了防止在自己去世后，两个女儿因争夺财产而发生纠纷，便提前写下了遗嘱。由于楚某觉得小女儿的生活非常困难，所以在遗嘱中将自己的10万元存款都留给小女儿。可是，在立下遗嘱后，楚某因为生病又花去了存款中的2万元。后来，楚某想到自己已经将存款留给了小女儿，现在又把这笔存款花了一部分，不知道这将来会不会给孩子带来新的纠纷。因此，楚某想知道自己的这份遗嘱是否有效，是否需要订立一份新的遗嘱。

法律疑点

在立遗嘱后又对遗嘱中的财产进行了处分，遗嘱应当如何认定？

法律分析

在立遗嘱后又对遗嘱中的财产进行了处分，遗嘱应当认定为被撤销或部分被撤销。

《最高人民法院关于贯彻执行〈中

华人民共和国继承法〉若干问题的意见》第三十九条规定，如果遗嘱人生前的行为与遗嘱的意思表示相反，而导致在继承开始前遗嘱中所涉及的财产所有权发生变动的，应当认定为遗嘱被撤销或部分被撤销。由此可知，如果遗嘱人在订立遗嘱后，又对遗嘱中的财产进行了处分，那么该部分遗嘱应当认定为被撤销。

法律规定遗嘱中的财产被立遗嘱人处分后，视为立遗嘱人对该部分财产的处分予以撤销，而法律之所以这样规定，是因为遗嘱体现的是遗嘱人真实的意思表示，遗嘱人在订立遗嘱之后，又将遗嘱中的财产予以处分，并使财产的所有权发生变化，则说明遗嘱人的意思表示发生了变化。这体现了法律保护立遗嘱人的财产处分权，也体现了遗嘱自由原则。

在上面的案例中，楚某在订立遗嘱后，又将遗嘱中留给小女儿的存款中的一部分用于支付自己的医疗费。根据上述法律规定可知，对于楚某处分这2万元存款的行为，导致遗嘱中的此部分被撤销。也就是说，楚某处分其遗嘱中存款的行为并不会导致遗嘱的无效，只是在他去世后，该行为会导致遗嘱的此部分内容被撤销，即其小女儿最后得到的存款数额只有8万元。

条文链接

《最高人民法院关于贯彻执行〈中华人民共和国继承法〉若干问题的意见》

39. 遗嘱人生前的行为与遗嘱的意思表示相反，而使遗嘱处分的财产在继承开始前灭失，部分灭失或所有权转移、部分转移的，遗嘱视为被撤销或部分被撤销。

人生启示

按照自己的意愿订立遗嘱是每个公民的合法权利，法律对于这种权利予以保护。即使在订立遗嘱后，我们作为立遗嘱人将遗嘱中的财产予以处分，变更其所有权，法律也是允许的。也就是说，只要是自己真实意思的表示，在遗嘱生效前，可以随时进行变更，只不过我们对财产进行处分的此部分遗嘱内容在遗嘱生效后会被撤销。

99. 遗赠扶养协议的顺序优先于遗嘱吗？

家庭场景

李大爷是某村村民，他唯一的儿子在小时候因病死亡，妻子不久后也因伤心过度而去世。因此，李大爷一直是一个人生活，只有他的侄女时常来看望他。随着年纪越来越大，李大爷开始担心自己的晚年生活。后来，李大爷向本村正在读法学专业的大学生小明咨询，想为自己的晚年做一个打算。小明告诉李大爷，他可以与侄女订立一个遗赠扶养协议，并向他介绍了签订遗赠扶养协议的程序。于是，在小明的建议下，李大爷与他的侄女签订了遗赠扶养协议。李大爷的侄女也按照约定履行了对他的赡养义务。可是，在李大爷去世后，李大爷的侄女才发现，他在生前还曾立下遗嘱，并且遗嘱的内容与遗赠扶养协议中的财产处分矛盾。

法律疑点

被继承人生前与他人订有遗赠扶养协议，同时又立有遗嘱的，应当哪个顺序优先？

法律分析

被继承人既立下遗嘱，又签订了遗赠扶养协议的，如果两者内容相抵触，则遗赠扶养协议顺序优先。

《最高人民法院关于贯彻执行〈中华人民共和国继承法〉若干问题的意见》第五条规定，被继承人生前与他人订有遗赠扶养协议，同时又立有遗嘱的，继承开始后，如果遗赠扶养协议与遗嘱没有抵触，遗产分别按协议和遗嘱处理；如果有抵触，按协议处理，与协议抵触的遗嘱全部或部分无效。据此可知，在遗产继承中，如果继承人既留有遗嘱，又订立与遗嘱内容相抵触的遗赠扶养协议的，那么遗赠扶养协议的顺序应当优先于遗嘱，遗嘱中与遗赠扶养协议相抵触的部分无效。

遗赠扶养协议是有偿的、相互附有条件的，目的在于使那些没有法定赡养义务人或虽有法定赡养义务人但不实际履行赡养义务的“孤寡”老人，以及无独立生活能力老人的生活得到保障，它体现了权利义务相一致的原则。国家法律将遗赠扶养协议置于优先于遗嘱的地位，是为了促进一种老有所养的风气，使得一些老人能够得到更好的赡养。

在上面的案例中，李大爷与他的侄女签订了遗赠扶养协议，而在其去世之后，李大爷的侄女又发现他曾经立下与遗赠扶养协议相抵触的遗嘱，此时，根据上述法律规定，李大爷所立下的遗嘱中与遗赠抚养协议相抵触的部分是无效的。在进行遗产分配时，遗赠扶养协议的效力是优先于遗嘱的。

条文链接

《中华人民共和国继承法》

第五条 继承开始后，按照法定继承办理；有遗嘱的，按照遗嘱继承或者遗赠办理；有遗赠扶养协议的，按照协议办理。

第三十一条第一款 公民可以与扶养人签订遗赠扶养协议。按照协议，扶养人承担该公民生养死葬的义务，享有受遗赠的权利。

《最高人民法院关于贯彻执行〈中华人民共和国继承法〉若干问题的意见》

5.被继承人生前与他人订有遗赠扶养协议，同时又立有遗嘱的，继承开始后，如果遗赠扶养协议与遗嘱没有抵触，遗产分别按协议和遗嘱处理；如果有抵触，按协议处理，与协议抵触的遗嘱全部或部分无效。

人生启示

遗赠扶养协议的本质是一种合同，

当事人在签订遗赠扶养协议后，都应当依法按照协议的约定履行自己应尽的义务，即扶养人应当尽到生养死葬的义务，而遗赠人则应当确保生前确定的遗赠财产在死后有效地转移给扶养人。即使遗赠人订立与之相抵触的遗嘱，也是不具有法律效力的。作为遗赠人，我们应当言而有信，不能滥用自己的权利而损害他人的合法权益。

100.放弃继承权的继承人是否还有清偿遗产债务的责任？

家庭场景

董某是某公司的员工，其家在农村，在家里还有一个妹妹。因为董某常年工作在外，所以董某与妹妹达成一致，平时由董某的妹妹照顾父母，而董某负责定期给父母生活费，并且时常回家探望父母。后来，董某的父母相继去世。董某认为，父母生前一直是妹妹在照顾他们，所以便放弃了父母所有财产的继承权，其父母所有的遗产由妹妹一个人继承。然而，在董某放弃继承权之后，一天，董某的妹妹打电话，称他们的父亲生前还对外欠债3万元，现在债权人要求清偿债务，要董某与她各负担一半。董某听后非常生气，认为自己已经放弃继承权，相应地也就没有义务偿还父母的债务。所以，董某拒绝了妹妹的要求。

法律疑点

继承人放弃继承后是否还需要偿还被继承人的生前债务？

法律分析

继承人放弃继承的，对被继承人生前所负债务没有清偿义务。

我国《继承法》第二十五条第一款规定，继承开始后，继承人放弃继承的，应当在遗产处理前，作出放弃继承的表示。没有表示的，视为接受继承。第三十三条规定，继承遗产应当清偿被继承人依法应当缴纳的税款和债务，缴纳税款和清偿债务以他的遗产实际价值为限。超过遗产实际价值部分，继承人自愿偿还的不在此限。继承人放弃继承的，对被继承人依法应当缴纳的税款和债务可以不负偿还责任。据此可知，已明确表示放弃继承权的，继承人对被继承人生前依法应当缴纳的税款和债务可以不负偿还责任。

法律明确规定，放弃继承权的继承人不需要承担债务清偿责任，是因为权利和义务是对等的，当继承人放弃继承权之后，丧失了继承其遗产的权利，相应地，其也就没有再承担被继承人债务清偿的责任。这不仅是权利和义务相一致原则的体现，也是民法中公平原则的体现。反之，如果继承人放弃继承权之后，仍然要求其承担义务，则不利于保护继承人的合法权益，对继承人而言是有失公平的。

在上面的案例中，董某放弃了继承权，其父母的财产由他的妹妹一个人继承。根据上述《继承法》的规定，继承人放弃继承，无须承担被继承人的债务偿还责任。因此，父母生前所欠的债务也应当由董某的妹妹承担，其应当在自己继承遗产的范围内承担父亲的债务清偿责任。而董某没有义务清偿父亲生前所欠债务。所以，董某妹妹的做法是错误的，董某对此可以予以拒绝。

条文链接

《中华人民共和国继承法》

第二十五条第一款 继承开始后，继承人放弃继承的，应当在遗产处理前，作出放弃继承的表示。没有表示的，视为接受继承。

第三十三条 继承遗产应当清偿被继承人依法应当缴纳的税款和债务，缴纳税款和清偿债务以他的遗产实际价值为限。超过遗产实际价值部分，继承人自愿偿还的不在此限。

继承人放弃继承的，对被继承人依法应当缴纳的税款和债务可以不负偿还责任。

人生启示

正所谓没有无权利的义务，也没有无义务的权利。在日常生活中，有权利才会有义务。当我们享受权利时，就要准备承担义务，继承权也是如此，只要我们选择继承遗产，那么就要在继承遗产的范围内承担被继承人生前的债务，而不能自己在享有权利的同时，还要求他人与自己来分担义务。

101.继承权纠纷的诉讼时效是多长时间？

家庭场景

赵某是某电子科技公司的一名员工，由于工作的原因，经常被公司派遣到国外工作。2016 年 12 月，公司又将赵某派到非洲某地区工作。赵某在外出工作期间，他的父亲因车祸死亡。然而，赵某的哥哥并未将父亲去世的消息通知赵某。一年之后，赵某从国外结束工作回到家时，才得知父亲已于一年前死亡，他的哥哥独自占有了父亲名下的两套房屋和一笔存款。对此，赵某非常伤心。不但跟哥哥大吵一架，还要求哥哥将父亲的一半财产分给自己。但是，赵某的哥哥却不同意。为此，赵某准备提起诉讼。但是，他又担心过了一年，是否已经超过了诉讼时效。

法律疑点

继承权纠纷提起诉讼的期限是多久？

法律分析

继承纠纷提起诉讼的期限为三年。

我国《民法总则》第一百八十八条规定，向人民法院请求保护民事权利的诉讼时效期间为一般为三年。诉讼时效期间自权利人知道或者应当知道权利受到损害以及义务人之日起计算。法律另有规定的，依照其规定。但是自权利受到损害之日起超过 20 年的，人民法院不予保护；有特殊情况的，人民法院可以根据权利人的申请决定延长。据此可知，继承权作为公民的一项权利，公民向人民法院请求保护的诉讼时效是三年。

法律规定了继承权保护的诉讼时效为三年，可以促使权利人及时行使权利，有利于维护交易安全，稳定经济秩序。而若无时效制度，不管经过多久，权利都受法律保护，一方面，就可能出现久远的权利冲击现实经济生活的情况，使人们对交易缺乏安全感；另一方面，当权利受到侵害后，权利人长期不采取措施寻求法律保护，推定权利人放弃权利也是合理的。

在上面的案例中，赵某在父亲去世一年后回到家，发现自己的继承权受到侵害。根据《民法总则》关于诉讼时效的规定可知，继承权纠纷的诉讼时效为三年，赵某继承权的诉讼时效从其知道自己的继承权被哥哥损害之日起计算，即从赵某得知父亲去世、哥哥独占了父亲财产的那天起算。所以，赵某继承权的诉讼并未超时效，其仍然可以向法院提起继承权纠纷的诉讼，法院会依法予以受理。

条文链接

《中华人民共和国民法总则》

第一百八十八条 向人民法院请求保护民事权利的诉讼时效期间为三年。法律另有规定的，依照其规定。

诉讼时效期间自权利人知道或者应当知道权利受到损害以及义务人之日起计算。法律另有规定的，依照其规定。但是自权利受到损害之日起超过二十年的，人民法院不予保护；有特殊情况的，人民法院可以根据权利人的申请决定延长。

人生启示

古希腊法典中有一句谚语："法律不保护躺在权利上睡觉的人。"换言之，法律不会永远保护当事人的权利，法律对权利的保护是有期限限制的。当事人如果没有在法定的时间内向法院请求保护自己的权利，那么超过法定时效后就丧失了胜诉的权利。所以，不管是继承权还是其他民事权利，在权利受到侵害之后，我们应当及时寻求法律的救济。

图书在版编目（CIP）数据

人生法律解答书．婚姻家庭卷 / 维权帮编．—北京：中国法制出版社，2019.4

（法律解答书系列）

ISBN 978-7-5093-9690-2

Ⅰ．①人…　Ⅱ．①维…　Ⅲ．①婚姻法—中国—普及读物　Ⅳ．① D920.5

中国版本图书馆 CIP 数据核字（2018）第 191246 号

策划编辑：戴　蕊（dora6322@sina.com）

责任编辑：陆紫薇（luziwei@zgfzs.com）　　封面设计：周黎明

人生法律解答书．婚姻家庭卷

RENSHENG FALÜ JIEDA SHU. HUNYIN JIATING JUAN

编者 / 维权帮

经销 / 新华书店

印刷 / 三河市紫恒印装有限公司

开本 / 730 毫米 ×1030 毫米　16 开　　印张 / 10.75　字数 / 164 千

版次 / 2019 年 4 月第 1 版　　2019 年 4 月第 1 次印刷

中国法制出版社出版

书号 ISBN 978-7-5093-9690-2　　定价：39.80 元

北京西单横二条 2 号　邮政编码 100031　　传真：010-66031119

网址：http://www.zgfzs.com　　**编辑部电话：010-66010406**

市场营销部电话：010-66033393　　**邮购部电话：010-66033288**

（如有印装质量问题，请与本社印务部联系调换。电话：010-66032926）